ART DE LA GUERRE

DÉDUIT

DE L'ÉTUDE TECHNIQUE DES CAMPAGNES

PARIS, IMP. A. DUTEMPLE, 64, RUE BONAPARTE.

ART DE LA GUERRE

DÉDUIT

DE L'ÉTUDE TECHNIQUE DES CAMPAGNES

(CAMPAGNE DE 1805)

PAR

H. BERNARD

CHEF DE BATAILLON AU 11ᵉ RÉGIMENT D'INFANTERIE

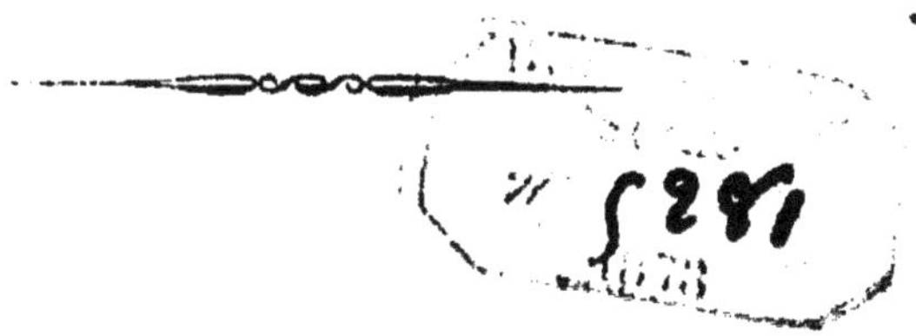

PARIS

CH. TANERA, ÉDITEUR

LIBRAIRIE POUR L'ART MILITAIRE, LES SCIENCES ET LES ARTS

Rue de Savoie, 6

1873

AVANT-PROPOS

———

Cet ouvrage a pour but de rechercher le mode d'étude
le plus avantageux à appliquer aux campagnes de guerre,
pour en déduire les règles qui constituent l'art militaire.

Jusqu'ici l'étude des campagnes a été confondue avec
leur histoire; il en résulte que l'officier qui entreprend ce
travail voit bientôt son esprit fatigué par le lourd bagage
des faits qui s'accumulent devant lui. Souvent, il est vrai,
l'historien qu'il lit mélange son récit de critiques militaires
utiles, mais ces critiques se noient bientôt dans les détails
des faits, et finissent par rester inaperçues; d'ailleurs il
est impossible de placer dans un livre d'histoire militaire

l'examen approfondi de chaque fait au point de vue de l'art; il faut pour cela un ouvrage spécial et technique.

C'est cet ouvrage que j'entreprends en prenant pour exemple la campagne de 1805.

Je suppose l'histoire de cette mémorable campagne connue de l'officier, condensée dans de bons livres placés sous sa main, et éclairée par d'excellentes cartes; cette base posée, je prends un à un, jour par jour, chacun des faits militaires de la campagne, pour les étudier au point de vue de toutes les branches de l'art.

Si donc on applique à toutes les campagnes modernes, c'est-à-dire depuis Louis XIV, cette méthode d'analyse, en s'attachant spécialement aux campagnes de Crimée, d'Italie, d'Amérique, de Bohême et de France, il sera possible de trouver des règles moyennes, déduites d'exemples analogues, de véritables constantes mathématiques appliquées à l'art militaire.

Il n'y a rien d'absolu à la guerre, et ce n'est pas avec la géométrie qu'on la fait; mais il n'en existe pas moins un recueil de principes qu'on n'enfreint pas impunément.

Un livre est donc à faire, livre dont il existe de précieux éléments, et que je propose de déduire de l'étude spéciale et purément militaire des campagnes, m'appuyant sur cette pensée profonde de Montaigne :

« L'art n'est autre chose que le contrôle et le registre des meilleures productions. »

H. BERNARD,

Chef de bataillon au 41ᵉ régiment d'infanterie.

Juillet 1873.

PREMIÈRE PARTIE

PLAN GÉNÉRAL DE LA COALITION

La France allait avoir à combattre cinq puissances : l'Angleterre, la Suède, la Russie, l'Autriche et le royaume de Naples.

Quatre attaques devaient être dirigées contre elle : la première sur le Hanovre et la Hollande, faite par les Anglais, les Suédois et les Russes ; la deuxième sur notre frontière du Rhin, c'était la principale, aussi devait-on y consacrer les masses des coalisés ; la troisième sur la Lombardie, pour ressaisir cette belle province et envahir nos départements méridionaux ; la quatrième sur le royaume de Naples, destinée à nous en chasser et à assaillir la Lombardie par le sud.

En un mot, envahir la France par l'est et le sud-est, favoriser ces deux opérations par deux attaques secondaires ; tel fut le plan général de la coalition.

Les conditions indispensables d'un plan de campagne sont : l'unité de conception, l'unité du but, l'unité de commandement ou de volonté.

Le plan des coalisés ne réalisait pas ces conditions, il était le fruit des délibérations de MM. de Schwarzenberg et de

Wintzingerode, c'est-à-dire la résultante des principes de guerre surannés du conseil aulique et de la jactance russe, devenue sans pareille depuis les succès de 1799.

Un premier vice ressortait immédiatement de ce plan.

Dominés par l'idée, juste d'ailleurs, que les principaux coups se porteraient en Allemagne, les stratégistes coalisés avaient complétement négligé la solidarité de leur armée d'Allemagne avec les attaques secondaires qu'ils avaient organisées ; ces attaques devaient théoriquement s'opérer en même temps que la principale, mais leur liaison pratique n'était nullement coordonnée.

Autre vice, et c'est le principal : les Autrichiens devaient commencer la campagne ; les Russes, à peine rassemblés en Pologne, clore les opérations ; absurde méthode qui, s'opposant à la concentration des forces, exposait à se faire battre en détail.

Enfin, ce plan péchait par l'objectif, et l'on pouvait dire qu'il n'en avait pas ; cela tenait à la divergence des intérêts politiques des puissances coalisées. Que voulait au fond l'Angleterre ? Était-ce l'envahissement du territoire français ? Assurément non : c'était Malte, c'était le Hanovre, c'était l'influence omnipotente à Naples.

Quel était le but de l'Autriche ? La Lombardie, ce beau fleuron arraché à sa couronne. Quant à la Russie, elle n'avait pas l'ombre d'un but : cette guerre était pour le jeune czar Alexandre une affaire d'orgueil, car ce prince se posait alors en arbitre de l'Europe et s'était déclaré l'ennemi irréconciliable de la Révolution française.

Le seul général qui faisait alors la gloire de l'Autriche, l'illustre archiduc Charles, bien que pourvu d'un commandement important, avait été à peine consulté ; ses avis, d'ailleurs, déplaisaient, car ils étaient ceux d'un stratégiste profond, ennemi d'un plan dont le décousu avait pour but de faire plier les règles de l'art devant les aspirations politiques de chacune des puissances coalisées.

PLAN GÉNÉRAL DE NAPOLÉON

Le plan général de Napoléon se basait sur le temps et sur les distances, données les plus importantes d'un plan de campagne. Ses ennemis eux-mêmes le rendaient libre d'user à loisir de ces deux grandes forces, qu'ils mettaient dans ses mains en s'approchant du Rhin et en se séparant pour agir isolément. Ses armées étaient prêtes; elles pouvaient en quinze jours être sur le Danube et sur l'Adige, présenter 200,000 hommes en Allemagne, 50,000 en Italie. Les Autrichiens, sans les Russes, ne disposaient que de 100,000 hommes sur le Danube et devaient y être écrasés.

Ainsi, profiter sur-le-champ de l'inintelligente séparation des Autrichiens et des Russes pour accabler les premiers, tel fut le plan général de Napoléon.

Pour atteindre ce résultat, fallait-il attaquer à la fois en Allemagne et en Italie? Non. Le rôle de l'armée d'Italie devait être pendant quelque temps purement défensif; il suffisait d'une ferme contenance de ce côté sans action générale, car si tout d'abord nous remportions sur l'Adige une victoire décisive avant que les événements aient eu leur cours en Allemagne, l'armée autrichienne d'Italie se repliait sur celle du Danube, ce qui augmentait beaucoup nos difficultés sur le Rhin, vu que l'armée française d'Italie ne pouvait nous y renforcer, retenue qu'elle serait par les attaques des coalisés soit du côté du sud de la péninsule, soit du côté de l'Adriatique. Si, au contraire, nous étions battus dès le début en Italie, nous étions contraints à une rapide retraite sur les Alpes, et notre armée d'Allemagne avait une position hasardée.

Il fallait donc se tenir quelque temps sur le pied défensif en Italie; cependant des événements importants se passeraient sur le Danube et probablement de grands succès nous y étaient réservés, car les Autrichiens seuls, exposés à nos coups, avaient contre eux de nombreuses chances. Les succès obtenus en Allemagne décideraient d'ailleurs la retraite de l'armée autrichienne d'Italie, qui ne pouvait songer à s'y maintenir lorsqu'elle saurait le cœur de l'empire menacé.

Quant à l'entreprise contre le Hanovre et à celle destinée contre le royaume de Naples, Napoléon comprit qu'elles ne pouvaient être de quelque poids qu'autant que les deux grandes attaques projetées en Allemagne et en Italie auraient leur exécution ; il n'y avait donc pas lieu de s'en préoccuper si elles n'étaient pas faites en même temps que ces dernières ; prévision que confirmaient des renseignements précis : après de grands succès remportés par nous sur le Danube, ces attaques secondaires devaient tomber d'elles-mêmes.

PLAN D'OPÉRATIONS EN ALLEMAGNE CONÇU PAR NAPOLÉON

Stratégie.   Deux plans se présentaient à Napoléon : 1° passer le Rhin entre Strasbourg et Schaffouse, franchir la Forêt-Noire ou déboucher, par les Alpes de Constance et attaquer les Autrichiens placés sur le haut Danube ; 2° déborder en secret la droite de l'ennemi avec la plus forte partie de l'armée, tout en feignant de vouloir l'attaquer de front, porter ainsi des masses sur les derrières des Autrichiens pour les couper sans retour des Russes, les attaquer isolément et certainement les détruire.

Le premier plan avait été suivi par Moreau en 1800 : en supposant qu'il réussît, il ne donnait que la victoire, et une victoire qui, refoulant les Autrichiens sur les Russes, renforçait ceux-ci d'autant. Tout alors restait à faire, car les deux armées alliées pouvaient, une fois réunies, venger un premier échec.

Le second plan était la manœuvre de Marengo ; en cas de réussite, il promettait le spectacle d'une armée forcée, par la stratégie seule, à périr tout entière ou à déposer les armes. L'armée autrichienne d'Italie était réduite alors à se retirer non sur les Russes, qu'il serait facile de l'empêcher de joindre, mais vers la Hongrie, ce qui l'éloignait totalement du théâtre des opérations. Il ne restait plus alors qu'à marcher aux Russes, qui ne pouvaient mettre en ligne plus de 120,000 hommes, et à les assaillir avec plus de 200,000 exaltés par des succès sans précédents.

Ces deux plans étaient l'application du principe de la base d'opérations à deux faces, et de la concentration sur l'une d'elles de la masse des forces : on a démontré la supériorité du dernier, qui fut celui qu'adopta Napoléon.

ENVAHISSEMENT DE LA BAVIÈRE PAR LES AUTRICHIENS

Dans les circonstances pressantes, les travaux doivent employer tous les bras de l'armée : on y joint les réquisitions de paysans, classe d'hommes qu'il faut employer de préférence aux habitants des villes pour les travaux de terrassement.

Les travaux doivent être alors poussés jour et nuit sans le moindre répit ; la nuit ils s'effectuent à la lueur de lanternes ; si l'on est éloigné de l'ennemi, on peut employer les torches.

Ces principes furent suivis par l'état-major autrichien pour hâter les travaux nécessaires à la défense d'Ulm et de Memmingen, places qu'il trouva en mauvais état après l'envahissement de la Bavière.

ÉTUDE DES ORDRES DONNÉS PAR NAPOLÉON LES 25 ET 28 AOUT

Napoléon prépara la campagne par des reconnaissances générales qu'il ordonna en Allemagne.

Ces reconnaissances durent porter principalement sur les

places fortes, les routes, les cours d'eau et l'ensemble de la zone explorée.

Il prescrivit de lui donner les renseignements suivants :

Places fortes. — Assiette. Valeur de leur position militaire. État des fortifications. Garnison qu'elles contiennent et qu'elles seraient susceptibles de recevoir.

Routes. — Direction. Localités parcourues. État. Relations des routes entre elles.

Cours d'eau. — Largeur. Quantité d'eau. Domination alternative d'une rive sur l'autre. Ponts. Gués. Bacs. Points où ils deviennent navigables. Circonstances particulières recueillies.

Ensemble. — Examiner la zone au point de vue stratégique en faisant les hypothèses les plus probables. Indiquer l'état général des esprits. Bien préciser les distances entre les villes, bourgs, villages et lieux habités.

(Résumé des ordres donnés le 25 août au maréchal
Berthier et au général Bertrand.)

Le 28, l'Empereur prescrivit l'établissement de boîtes permettant d'embrasser d'un seul coup d'œil les positions et les mouvements de l'armée ennemie.

(Ordre au maréchal Berthier, 28 août.)

Ces boîtes sont d'une incontestable utilité ; elles ont le grand avantage d'éviter de refaire à tout moment les états de position des troupes ennemies, selon les renseignements journaliers qui en arrivent. Un simple relevé de cartes à jouer contenues dans les différentes cases de la boîte, procure, à un moment donné et instantanément, la série des positions occupées par l'ennemi, et l'état des forces qu'il y a rassemblées.

Quant aux renseignements dont il s'agit, ils doivent résulter :

1° Des reconnaissances ;

2° De la lecture des journaux et des gazettes de tout pays ;

3° Des communications faites au ministre des affaires étrangères par les ambassadeurs, auprès des puissances neutres.

COMPOSITION DES ARMÉES FRANÇAISES A LA DATE DU 25 AOUT

1° Armée du Danube ou Grande-Armée

Général en chef. — L'Empereur, ayant pour aides de camp des officiers généraux et officiers supérieurs de toutes armes.

L'ordonnance du 3 mai 1832 ne précise pas le nombre ni le grade des aides de camp du général en chef.

État-major général. — Le chef d'état-major a le titre de *major général*, parce que l'Empereur se réservait le commandement direct de la Grande-Armée et la direction générale de celle d'Italie.

L'article 7, de l'ordonnance du 3 mai 1832, a admis ce titre pour le cas dont il s'agit.

Les généraux attachés au major général sont distincts des *aides-majors généraux*, titre également admis par l'article 7 de l'ordonnance.

L'un des aides-majors généraux porte le nom de *chef d'état-major général*; un autre, celui de *maréchal général des logis*. Le premier était chargé de centraliser tous les rapports, de diriger et de surveiller, par l'intermédiaire des chefs d'état-major des corps d'armée, tous les détails du service; l'autre fut chargé des reconnaissances, de l'ouverture des marches et de tout ce qui était relatif aux mouvements. La correspondance directe avec les maréchaux et généraux chefs de corps d'armée était réservée au major général ; il prenait seul les ordres de l'Empereur.   (*Mathieu-Dumas*.)

L'ordonnance du 3 mai 1832 n'adopte pas ces dispositions.

3 adjudants commandants (aujourd'hui colonels d'état-major), 1 colonel du génie, 1 capitaine de frégate, 2 chefs d'escadron et 3 capitaines sont adjoints au major général, non pas comme aides de camp, mais comme bureau per-

sonnel du major général ; de même chaque aide-major général a un adjudant commandant pour adjoint.

L'ordonnance du 3 mai 1832 ne mentionne pas cette disposition en propres termes, mais elle l'admet en disant,
article 9 : « Lorsque la répartition des officiers d'état-major
n'a pas été réglée par le ministre de la guerre, elle est faite
par le chef d'état-major général. » On rappellera à cet égard
que Berthier était à la fois ministre et chef d'état-major.

Le grand quartier général est commandé par un général
de division aide-major.

L'ordonnance du 3 mai 1832 n'admet qu'un officier supérieur d'état-major pour commander le grand quartier général. (Art. 9.)

L'état-major de l'artillerie offre un commandant de l'artillerie de l'armée du grade de général de division, un chef
d'état-major général de brigade et un colonel pour sous-
chef.

L'article 11 de l'ordonnance du 3 mai 1832 admet ces dispositions, sauf en ce qui concerne le sous-chef d'état-major
qu'elle n'a pas maintenu.

L'état-major du génie donne lieu aux mêmes remarques.

Chaque officier général a un certain nombre d'aides de
camp.

Le vaguemestre général est un colonel.

L'article 160 de l'ordonnance du 3 mai 1832 dit : un officier supérieur.

Le service topographique comprend des officiers de tout
grade, depuis celui de colonel inclusivement.

Le service administratif a pour chef un intendant général.
L'article 12 de l'ordonnance du 3 mai 1832 a conservé ce
titre pour le cas où il y a un major général.

Le grand prévôt est un colonel de gendarmerie. L'ordonnance du 3 mai 1832 ne précise rien à cet égard, mais
permet de supposer que le grand prévôt est officier su-

périeur, car il commande toute la gendarmerie de l'armée.
(Art. 170 de l'ordonnance.)

Corps d'armée. — L'armée était divisée en sept corps
d'armée et une réserve mixte, plus un corps de cavalerie de
réserve : l'ordonnance du 3 mai 1832 n'admet pas cette formation comme devant être permanente.

Fractionnée en corps d'armée qui n'avaient chacun que
quelques escadrons de cavalerie légère et un petit parc, c'est-
à-dire l'indispensable à leur sûreté personnelle, la Grande-
Armée de 1805 ne présentait pas les défauts de l'armée du
Rhin de 1800. On rappelle que celle-ci était aussi divisée en
corps d'armée, mais en corps pourvus de toutes armes dans
les proportions voulues pour parer à tous les cas : ces corps
étaient donc de petites armées distinctes, cherchant trop
souvent à s'isoler, à obtenir des succès partiels et à fronder
l'autorité du général en chef. En 1805, point d'opérations
décousues, des instructions précises ; point de rivalité, point
de passion que celle de bien faire, point de fronde surtout,
car le général en chef est maître absolu.

L'état-major des corps d'armée est celui dont l'ordonnance du 3 mai 1832, articles 7, 11 et 12, a adopté les dispositions. Il y a cependant à remarquer que dans les 1er, 3e et
7e corps, le commandant de l'artillerie est un général de division au lieu d'être un général de brigade.

Chaque corps d'armée comprend 3 divisions d'infanterie,
une brigade de cavalerie et un parc : le 1er et le 7e corps n'ont
que deux divisions d'infanterie, le 1er corps a une division
de cavalerie, le 7e est totalement dépourvu de cette arme.

Le corps de cavalerie de réserve a 6 divisions.

La garde constitue une réserve mixte d'infanterie, de cavalerie et d'artillerie.

Le 3e corps a sa 3e division mixte, c'est-à-dire composée
de 2 brigades d'infanterie et d'un escadron et demi.

Le 6e corps a sa 1re division mixte, elle se compose de deux
brigades d'infanterie et d'un régiment de cavalerie.

Le 5e corps a sa 1re division formée de compagnies de grenadiers empruntées à 8 régiments. L'ordonnance du 3 mai 1832, article 1er, s'oppose en principe à la formation normale des divisions dites d'*élite*.

Le corps de cavalerie de réserve est formé de divisions de grosse cavalerie (carabiniers et cuirassiers); de dragons (dragons à cheval et dragons à pied); de cavalerie légère (chasseurs et hussards).

A chaque division d'infanterie sont attachées deux batteries d'artillerie : les divisions mixtes ont de l'artillerie à pied et de l'artillerie à cheval.

L'état-major de la division a une composition uniforme ; le premier aide de camp du général de division est presque partout un chef d'escadron : le chef d'état-major est un adjudant-commandant.

La division d'infanterie comprend 3 brigades de 2 régiments chacune : il y a des divisions qui n'ont que 2 brigades. L'ordonnance du 3 mai 1832, article 1er, admet ce principe.

Dans la brigade d'infanterie on compte 2 régiments, quelquefois 3; souvent aussi un seul. Le régiment d'infanterie légère est généralement seul et forme une brigade à part. L'ordonnance du 3 mai 1832 adopte en partie ces dispositions.

La 3e division du 2e corps a dans chacune de ses deux brigades un bataillon de chasseurs hollandais.

La 3e division du 4e corps a son régiment léger embrigadé avec un bataillon de tirailleurs corses et un régiment de ligne : la 2e brigade de cette division a également un bataillon de tirailleurs italiens (du Pô), embrigadé avec 2 régiments de ligne.

Les deux divisions de grosse cavalerie comprennent, l'une, 3 brigades ; l'autre, 2. Les divisions de dragons sont à 3 brigades, sauf une ; la division de dragons à pied n'a que deux brigades. La division de cavalerie légère n'est pas toujours de 2 brigades : quelquefois on trouve une seule brigade formée de 3 régiments et placée néanmoins sous les ordres d'un général de division.

En général la brigade de cavalerie comprend 2 régiments, mais cette règle n'est pas absolue.

Le régiment d'infanterie a 3 ou 2 bataillons, et plus généralement 2. Le bataillon se compose d'une compagnie de grenadiers et de 8 de fusiliers : dans l'infanterie légère, il y a 2 compagnies d'élite, savoir : une de carabiniers, l'autre de voltigeurs : les 6 autres portent le nom de chasseurs.

Le régiment de grosse cavalerie a 4 escadrons, celui de dragons à cheval 3, celui de dragons à pied 3 bataillons, celui de cavalerie légère 3 et quelquefois 4 escadrons.

La batterie a 6 pièces, savoir, 4 canons et 2 obusiers : les canons sont des calibres de 12 (réserve), 8 et 6; les obusiers de celui de 0.15.

Chaque division d'infanterie a 2 batteries : les divisions mixtes ont également 2 batteries, dont une à cheval, toutefois il faut pour cela que la division mixte ait plus de 4 escadrons; il n'est attaché qu'une section d'artillerie à une division mixte qui n'a que 3 ou 4 escadrons.

La brigade de cavalerie attachée à chaque corps d'armée a sa batterie à cheval.

Chaque division de la réserve de cavalerie a sa batterie à cheval : les dragons à pied n'ont pas d'artillerie avec eux.

Le grand parc contient 3 batteries et demie, soit 20 pièces sous la main exclusive de l'Empereur. Il est commandé par un général : il convient de remarquer à cet égard que l'article 2 de l'ordonnance du 3 mai 1832 ne place à ce poste qu'un officier supérieur. Le parc comprend des troupes d'artillerie et du génie, savoir : artillerie à pied, artillerie à cheval; ouvriers d'artillerie; armuriers; pontonniers; train d'artillerie; ouvriers du train ; sapeurs.

Un colonel dirige le parc de campagne, un second les équipages de pont : deux officiers supérieurs s'occupent des détails relatifs au train d'artillerie.

Le parc a en outre un personnel administratif, un vaguemestre, un service médical et un garde général d'artillerie.

L'ordonnance du 3 mai 1832 néglige d'entrer dans l'énu-
mération des officiers et des troupes qui doivent composer le
parc.

Proportion des armes. — On a pour l'infanterie :

Garde impériale.	6	bataillons.
1er corps	18	—
2e corps	25	—
3e corps	28	—
4e corps	30	—
5e corps	26	—
6e corps	22	—
7e corps	14	—
Total. . . .	169	bataillons.

Pour la cavalerie :

Garde impériale.	9	escadrons.	
1er corps.	16	—	
2e corps.	12	—	
3e corps.	12	—	
4e corps.	6	—	
5e corps.	8	—	
6e corps.	7	—	1/2
7e corps.	1	—	
Réserve de cavalerie . .	126	—	plus 12 bataillons de dragons à pied.

Total. . . . .   197 escadrons 1/2 plus 12 bataill-
lons de dragons à pied.

Pour l'artillerie :

Garde impériale.	24 pièces ou 4 batteries, dont une de réserve.
1er corps.	30 — ou 5 —

2° corps. . . . . . 42 pièces ou 7 batteries.
3° corps. . . . . . 42 —   ou 7   —
4° corps. . . . . . 42 —   ou 7   —
5° corps. . . . . . 42 —   ou 7   —
6° corps. . . . . . 42 —   ou 7   —
7° corps. . . . . . 24 —   ou 4   —
Cavalerie de réserve. . 42 —   ou 7   —
Grand parc. . . . . . . 20 —   ou 3   —   1/3,

Total. . . . . 350 pièces ou 58 batteries 1/3,
employant 10,000 hommes.

Le génie s'élève à 1,500 hommes.

En donnant à chaque bataillon 800 hommes, à chaque escadron 150, et à chaque bataillon de dragons 600, on a :

Infanterie. . . . . 135,200 hommes.
Cavalerie   36,825   —

La Grande-Armée comprenait donc un total de :

Infanterie. . . . . 135,200 hommes.
Cavalerie   36,825   —
Artillerie 10,000   —
Génie   1,500   —

Total. . . . . . 183,525 hommes.

L'infanterie étant 1, la cavalerie est 0.27, soit environ 1/4.

L'artillerie, comme personnel, est 0.07, soit environ 1/14 ; comme matériel, il y a un peu moins de deux pièces par 1,000 hommes.

Le génie est 0.01.

2° Armée d'Italie

La composition de l'état-major général ne donne lieu à aucune observation qui n'ait été faite : ajoutons que le sous-chef d'état-major est général de brigade, disposition adoptée par l'article 7 de l'ordonnance du 3 mai 1832.

L'armée ne comprend pas de corps d'armée, mais 9 divisions, dont 3 de cavalerie ; 4 divisions sont mixtes.

Les divisions n'ont toutes que 2 brigades.

Les régiments d'infanterie ont 3 bataillons, sauf l'infanterie légère, qui n'a que 2 bataillons.

Les régiments de cavalerie ont 4 escadrons.

Il y a une division de cavalerie légère à laquelle est joint comme soutien un bataillon de grenadiers : cette division porte le nom de division d'avant-garde.

Les deux autres divisions de cavalerie sont des divisions de cavalerie de réserve.

Une division mixte, dite *d'élite*, comprend 11 bataillons de grenadiers : un régiment de cavalerie y est attaché.

Chaque division d'infanterie ou mixte a deux batteries.

La division de cavalerie, une batterie.

En défalquant les troupes laissées dans les places et en donnant 600 hommes au bataillon, 120 à l'escadron, on a :

Infanterie (73 bataillons). . . .	43,800	hommes.
Cavalerie (60 escadrons). . . .	7,200	—
Artillerie divisionnaire et parc		
(18 batteries et 108 pièces) . .	2,000	—
Génie	300	—
Total.	53,300	hommes.

L'infanterie étant 1, la cavalerie est 0.16 ou 1/6 ; l'artillerie 0.04 comme personnel : comme matériel, il y a un peu plus de deux pièces par 1,000 hommes.

Remarque générale — Certains régiments d'infanterie avaient leurs compagnies d'élite à la Grande-Armée et le reste du corps à l'armée d'Italie.

COMPOSITION DES ARMÉES COALISÉES A LA DATE
DU 25 SEPTEMBRE

1° Armée autrichienne du Danube

Le feld-maréchal lieutenant Mack commandait l'armée du Danube. Il avait dans son état-major l'archiduc Ferdinand, qui, en vertu de son rang voisin du trône, se considérait, malgré les instructions formelles du conseil aulique, comme le véritable général en chef. Il en résulta un esprit de coterie extrêmement nuisible, et qui dégénéra, dans les jours de malheur, en désobéissance formelle.

On doit conclure que l'unité incontestée du commandement, c'est-à-dire l'unité absolue, est d'une importance capitale. Il faut en outre qu'un prince sache plier devant les ordres et respecter, jusque dans ses erreurs mêmes, le commandement supérieur.

L'armée du Danube était divisée en 4 corps d'armée : des divisions de grenadiers formaient une bonne réserve.

L'infanterie étant 1, la cavalerie était entre le 1/3 et le 1/4.

L'artillerie était calculée de façon à attacher 2 pièces de 3 par bataillon et 1 pièce par escadron.

Un parc de réserve complétait la proportion de 3 pièces par 1,000 hommes.

2° Armée autrichienne d'Italie

L'unité du commandement si compromise sur le Danube est ici parfaitement assurée : la haute personnalité de l'archiduc Charles est pour l'armée une grande force morale.

Il est remarquable qu'un général ait la direction du service administratif.

On trouve encore 4 corps d'armée : les proportions des armes sont les mêmes que sur le Danube : l'artillerie y est répartie de la même façon et dans la mesure d'un peu plus de 3 pièces par 1,000 hommes.

Mentionnons encore la formation de divisions des grenadiers comme réserve.

3° Armées russes

L'unité du commandement trouve dans ces armées une base inébranlable, due à une discipline de fer et à une foi religieuse aveugle. Kutusof à l'armée de Gallicie et l'empereur Alexandre à celle de la Vistule sont comme deux divinités militaires.

Le principe des corps d'armée est également appliqué : l'armée de Gallicie en possède 2, celle de la Vistule 3.

Dans l'armée de Gallicie, la réserve d'infanterie est formée par une division de grenadiers; dans l'autre, la garde impériale constitue un corps, dit de réserve, fort de 10 bataillons et de 18 escadrons.

L'infanterie et la cavalerie sont dans la proportion de 1 à 8.

L'artillerie est formidable comme matériel et atteint presque 4 pièces par 1,000 hommes.

ÉTUDE DES ORDRES DU 27 AOUT

Administration en campagne.

Vous ferez sur-le-champ approvisionner la place d'Hameln pour six mois. (*Lettre de Berthier au maréchal Bernadotte.*)

De là, nécessité pour les généraux et les intendants de connaître les places de leur commandement et de leurs circonscriptions administratives, d'en évaluer les approvisionnements qui répondent à un temps donné et d'avoir leurs calculs tout prêts pour le moment où il faudra mettre les places en état.

Comme vous aurez sept à huit jours de marche sur des pays neutres, il faut réunir le plus de biscuits que vous pourrez. (*Lettre de Berthier au maréchal Bernadotte.*)

Le système des réquisitions n'est pas toujours applicable sur les pays neutres que les intérêts de la politique obligent souvent à ménager : les intendants doivent donc, pour ce cas, tenir disponibles de grandes quantités de biscuit.

Vous ferez verser la solde dans la caisse des quartiers-maîtres jusqu'au 1ᵉʳ brumaire.

(Lettre de Berthier au maréchal Bernadotte.)

Il est avantageux que les corps aient toujours par devers eux des ressources pécuniaires suffisant à leurs besoins immédiats, les caisses du trésor se trouvant souvent éloignées d'eux.

Il est nécessaire qu'à son départ le soldat ait une paire de souliers en gratification, de manière qu'il en ait une dans le sac et une aux pieds. Il doit aussi avoir une capote.

(Lettre de Berthier au maréchal Bernadotte.)

Ainsi deux paires de souliers et une capote sont posées comme règles fondamentales de l'équipement du fantassin.

Levez le plus de chevaux d'artillerie qu'il vous sera possible.

(Lettre de Berthier au maréchal Bernadotte.)

Le droit de réquisition s'étend non-seulement aux vivres et au numéraire, mais encore à tout matériel nécessaire à l'armée.

Vous organiserez votre corps d'armée pour la guerre d'Allemagne.

(Lettre de Berthier au général Marmont.)

Organisation des armées.

Point de centralisation : point d'instructions de détail trop souvent interminables : le chef de corps d'armée doit avoir toute latitude à cet égard.

Nous n'aurons pas le temps de nous procurer les équipages de vivres, ceux d'ambulance, et autres transports, qui sont cependant si utiles aux armées. La Hollande peut vous en procurer : mettez tout en œuvre pour cela.

(Lettre de Berthier au général Marmont.)

Il se peut que les événements soient tellement rapides qu'ils déjouent les calculs : c'est alors aux chefs de corps d'armée de prendre les mesures locales qu'ils apprécieront toujours mieux que le ministre. Les réquisitions seront la seule voie à suivre pour créer ou compléter les équipages de vivres, d'ambulance et autres transports.

Logistique.

Vous marcherez par division, en faisant observer le plus grand ordre, et prenant toutes les précautions pour empêcher la désertion.

(Lettre de Berthier au général Marmont.)

Marcher séparé, loin de l'ennemi, découle du principe fondamental de la guerre ainsi conçu : *se diviser pour vivre, se concentrer pour combattre.*

Les meilleures armées ont leurs maraudeurs et quelquefois leurs déserteurs : un excellent service de gendarmerie est indispensable.

Envoyez au-devant de chacune de vos colonnes des officiers d'état-major et des commissaires des guerres, pour faire tout préparer, cantonnements, vivres et transports.

(Lettre de Berthier au général Marmont.)

Les cantonnements *loin de l'ennemi* sont préparés par le campement de la division que conduit un officier d'état-major : les vivres et transports sont assurés par voie de réquisition : un fonctionnaire de l'intendance devance à cet effet la division dans les cantonnements qu'elle doit occuper.

Philosophie militaire.

Vous laisserez le commandement de la place d'Hameln à un de vos bons généraux de division.

(Lettre de Berthier au maréchal Bernadotte.)

C'est une grave erreur de croire qu'il faille laisser dans les places des hommes fatigués ou incapables : l'organisation de la défense d'une place exige que celui qui en est chargé ait une grande autorité et des qualités du premier ordre.

Vous laisserez le commandement de la Hollande au général que vous croirez le plus propre à ce commandement.

(Lettre de Berthier au général Marmont.)

Nécessité pour le chef de connaître ses subordonnés sous tous les rapports.

ÉTUDE DES ORDRES DU 1ᵉʳ SEPTEMBRE

Vous devez traverser les pays neutres et l'Allemagne pour vous rendre à Mayence et passer par Wurtzbourg : c'est dans ce sens que vous vous en expliquerez constamment.

(Lettre de Berthier au maréchal Bernadotte.)

L'objectif d'une marche stratégique doit toujours être soigneusement caché : la réussite du plan de campagne en dépend.

Il faut en laisser supposer un qui soit vraisemblable afin de tromper les espions de l'ennemi, ses partisans et les journaux

Vous marcherez en masse de manière que vos divisions ne soient pas éloignées de plus d'une lieue. Ce n'est pas une marche de guerre que vous ferez, mais une simple marche de paix.

(Lettre de Berthier au maréchal Bernadotte.)

Marcher les divisions éloignées d'une lieue, constitue une marche de prudence qu'il faut toujours employer dans les pays neutres qu'il est permis de traverser : la politique a ses variations, souvent ses malentendus, et il importe que sans prendre dans la marche en pays neutre des dispositions de combat, le chef d'un corps d'armée ait tout son monde à sa portée.

Vous enverrez des espions à Egra et à Prague.

(Lettre de Berthier au maréchal Bernadotte.)

Moyen complémentaire des reconnaissances dont l'emploi est indispensable et d'une extrême importance.

Vous désignerez tous les officiers qui doivent commander les différents forts d'Hameln.

(Lettre de Berthier au maréchal Bernadotte.)

Il ne faut rien laisser au hasard, et s'il n'a pas été désigné d'officiers pour diriger la défense des forts et des postes extérieurs d'une place, il est nécessaire d'y aviser promptement.

Administration en campagne.

Vous paierez tout argent comptant.

(Lettre de Berthier au maréchal Bernadotte.)

Excellente règle applicable aux pays neutres ou amis et qui facilite tant les moyens de l'administrateur.

ETUDE DES ORDRES DU 10 SEPTEMBRE

Logistique.

L'Empereur désire surtout que ses troupes, en arrivant à Wurtzbourg, ne soient pas fatiguées. Faites vos dispositions pour un séjour tous les trois jours de marche.

(Lettre de Berthier au maréchal Bernadotte.)

Il importe que, dans les marches préparatoires et intérieures, qui doivent conduire les différents corps d'armée à la base d'opérations, les troupes ne soient pas fatiguées, mais seulement rompues à la marche. Un séjour tous les trois jours et une intelligente direction assureront ce résultat.

ÉTUDE DES ORDRES DU 12 SEPTEMBRE

Stratégie.

Vous savez que le grand art est de tenir toutes ses troupes réunies. *(Lettre de Berthier au maréchal Masséna.)*

C'est la définition même de la stratégie.

Grande tactique.

Un général de brigade avec 2 régiments de troupes à cheval et 4 pièces de canon, servies par l'artillerie à cheval, borderont l'Adige depuis Legnago jusqu'à Rovigo.

(Lettre de Berthier au maréchal Masséna.)

Ce sont donc 8 escadrons d'employés pour surveiller, pendant 40 kilomètres, les rives d'un cours d'eau.

Hygiène militaire.

La moitié de votre armée doit se réunir entre Vérone et Peschiera, en ayant soin d'éviter les endroits malsains en se portant sur les

terrains élevés, au lieu de s'étendre sur les parties basses de
Mantoue.   (*Lettre de Berthier au maréchal Masséna.*)

Il est urgent de cantonner ou de camper sur les endroits
élevés, lorsqu'on se trouve à proximité de terrains maré-
cageux.

Envoyez des espions, même des officiers à Nuremberg et dans la
Franconie.   (*Lettre de Berthier au maréchal Marmont.*)

Logistique.

Les espions pour connaître l'avenir, les officiers déguisés
pour constater et apprécier par leurs yeux les mouvements
de l'ennemi en cours d'exécution.

L'Empereur estime qu'une fois maître de Vérone, vous devez
ranger votre armée sur trois lignes en avant de cette ville sur le
terrain le plus convenable, la droite appuyée à l'Adige, la gauche
aux montagnes, en faisant construire cinq ou six redoutes fermées en
avant et sur les flancs de votre ordre de bataille, une division occu-
perait Rivoli ayant son avant-garde à la Corona. Dans cette position, l'Empereur ne doute point que 40,000 hommes ne soient à
l'abri d'être attaqués par un beaucoup plus grand nombre, et Sa
Majesté ne voit pas quels moyens pourrait prendre l'ennemi pour
vous déloger devant Vérone. Il ne peut point pénétrer par la Corona,
car jamais il ne donnera une bataille sérieuse sans artillerie et sans
cavalerie : il n'essaiera point de passer l'Adige entre Vérone et Legnago, vous lui tomberiez sur les flancs. Plus bas que Vérone, outre
les difficultés du pays, l'ennemi s'exposerait à vous voir sur ses
derrières. Il est donc à penser que dans cette bonne position gardée
par l'Adige, par le Monte-Baldo et tenant presque toute notre armée
campée devant Vérone, vous pouvez y attendre autant de temps que
cela vous conviendra. (*Lettre de Berthier au maréchal Masséna.*)

Géographie militaire.

Valeur stratégique de la position de la Corona, de celle du
Monte-Baldo et de celle du Monte-Pastello, dans l'hypothèse
de la possession de Vérone et d'une attaque venant de la
ligne Roveredo-Vicence-Padoue.

ÉTUDE DES ORDRES DU 14 SEPTEMBRE

Je ne puis trop vous recommander de vous bien observer dans
vos discours, et de faire en sorte que vos généraux en usent de

Stratégie.

même. Vous ferez dire partout que vous rentrez en France, parce que vos troupes seront relevées par des troupes venant de Hollande. On en croira ce qu'on en voudra, mais il n'en est pas moins nécessaire de ne pas sortir de ce cercle de conversation.

(*Lettre de Berthier au maréchal Bernadotte.*)

Encore la nécessité absolue du secret sur les objectifs des marches stratégiques : ces instructions prescrivent de répandre le bruit de la marche sur Mayence, point qui indique une base à une seule face Mayence-Bâle.

Tactique de l'infanterie. Je n'ai pas besoin de vous dire qu'il est nécessaire de donner 50 cartouches par homme à chacun de vos soldats.

(*Lettre de Berthier au maréchal Bernadotte.*)

Cet approvisionnement est une limite inférieure, un minimum avec les fusils à baguette.

ÉTUDE DES ORDRES DU 15 SEPTEMBRE

Tactique de l'artillerie. A la rigueur il suffira que les pièces et un caisson par pièce soient attelés par le train : les autres pièces et caissons seront attelés comme on pourra.   (*Lettre de Berthier au général Marmont.*)

Lorsque les ressources en attelage sont insuffisantes, il faut avoir recours à des réquisitions de chevaux : on observera dans ce cas la règle suivante : toutes les pièces et un caisson par pièce devront être attelés par les chevaux du train d'artillerie, les autres caissons et voitures par les chevaux de réquisition.

ÉTUDE DES ORDRES DU 16 SEPTEMBRE

Logistique. L'Empereur, monsieur le maréchal, vient de mettre à votre disposition une somme de 100,000 francs pour espionnage et dépenses secrètes, 50,000 francs à la disposition de votre chef d'état-major pour solder les frais de courriers dont il me justifiera par pièces.

(*Lettre de Berthier au maréchal Masséna.*)

Chiffres pouvant servir de base à ce que coûte un service

d'espionnage et de courriers spéciaux bien organisé. Des pièces comptables doivent justifier ces dépenses.

Aucun Autrichien ne doit plus passer l'Adige que muni d'un passe-port qui lui serait donné par un officier que vous nommerez *ad hoc.*

A tous les bacs, vous devez avoir un poste pour surveiller tout ce qui pourrait être suspect.

Qui que ce soit ne doit plus voyager par les gorges de Rivoli ni le long du lac. (*Lettre de Berthier au maréchal Masséna.*)

Mesures excellentes pour prévenir l'espionnage et la désertion.

Par ce moyen (coupure des digues) la place (Legnago) pourra tenir autant de temps qu'elle a de vivres, et elle en a pour un an. (*Lettre de Berthier au maréchal Masséna.*)

Attaque et défense des places.

L'inondation de la zone qui entoure une place bien pourvue de vivres augmente considérablement la durée de la défense. Elle n'empêche pas, il est vrai, bombardement, mais elle interdit tous les travaux d'approche, qui, en dernière analyse, peuvent seuls venir à bout des places.

Les voyageurs, les paysans doivent passer l'Adige une lieue plus bas ou une heure plus haut que Legnago aux différents bacs. (*Lettre de Berthier au maréchal Masséna.*)

Mesure excellente pour empêcher l'ennemi de connaître l'état d'une place.

Sa Majesté a également mis une somme à la disposition de l'ordonnateur en chef pour le service administratif. (*Lettre de Berthier au maréchal Masséna.*)

Administration en campagne.

Cette somme devait être utilisée aux marchés à passer, aux réquisitions à payer, courriers, etc...

Faites connaître au commandant de place de Legnago et aux officiers du génie et de l'artillerie, que tant de jours après le passage de l'ennemi, les digues soient coupées et l'inondation tendue. Vous sentez que l'inondation qui résultera des coupures faites aux digues

Géographie militaire.

à Legnago rendra très-difficiles les opérations de l'ennemi sur le bas Adige.   (*Lettre de Berthier au maréchal Masséna.*)

Importance capitale de Legnago comme chef des inondations du bas Adige.

L'Empereur, monsieur le maréchal, vient de mettre à votre disposition 100,000 francs à verser dans le parc d'artillerie, pour être employés, sur la décision du général commandant l'artillerie, soit en construction d'affûts, soit en harnais, attelages, etc., dont il sera justifié dans la comptabilité du parc, et aussi pour frais de courriers et dépenses de missions secrètes ordonnées par ce général.
(*Lettre de Berthier au maréchal Masséna.*)

Cette somme de 100,000 francs, allouée au service de l'artillerie, était donc destinée à faire face aux dépenses nécessitées par : 1° la construction d'affûts et des achats de harnais et d'attelages; 2° les frais de courriers et les missions secrètes. Les premières ressortissent à la comptabilité du parc, les autres sont justifiées par des pièces comptables.

Les Corses ont de mauvaises têtes, mais ce sont de bons soldats : caressez-les et ils vous rendront de bons services.
(*Lettre de Berthier au maréchal Masséna.*)

Nécessité de tenir compte des dispositions morales et du caractère du soldat dans l'emploi des moyens de la discipline : un moyen moral sera souvent plus efficace qu'un procédé rigoureux; rien, d'ailleurs, ne s'oppose à l'emploi du premier avant le second.

ÉTUDE DES ORDRES DU 19 SEPTEMBRE

L'intention de l'Empereur n'est pas que M. le maréchal Lannes se compromette avec l'ennemi, mais s'il était forcé à un engagement, vous le soutiendriez, et il pourrait l'être également par le maréchal Ney, qui passe le Rhin le 4 (20 septembre) à Durlach, où il aura son quartier général le 5 (21 septembre).
(*Lettre de Berthier au prince Murat.*)

Il résulte des dispositions prises par Napoléon dès le début de la campagne, c'est-à-dire immédiatement après le passage du Rhin, que si une attaque venant des montagnes était dirigée sur le maréchal Lannes, celui-ci pouvait y opposer tout d'abord une de ses divisions et une brigade de cavalerie légère ; une heure après le commencement d'une attaque, qu'il serait facile au maréchal de ne pas rendre sérieuse en ne s'engageant pas à fond, devaient arriver les 6 divisions du corps de cavalerie de réserve sous les ordres de Murat, plus la division de dragons à pied. Enfin, au bout de trois ou quatre heures, le corps du maréchal Ney (3 divisions d'infanterie et 1 brigade de cavalerie) opérait, avec les maréchaux Lannes et Murat, une concentration décisive de 60,000 hommes, capable de contenir toute attaque des Autrichiens et d'attendre l'arrivée des corps des maréchaux Soult et Davout.

J'ai l'honneur de vous prévenir que M. le maréchal Lannes passera le Rhin le 3 vendémiaire, une heure avant le jour, au pont de Kehl, avec 2 régiments de cavalerie légère et la division de grenadiers Oudinot, ainsi que son artillerie ; il ira cantonner en avant de Rastadt et, le 4, il cantonnera entre cette ville et Eslingen.
(Lettre de Berthier au prince Murat.)

Remarquer : 1° que l'ordre est de cantonner et non de camper ; 2° que ces cantonnements sont de ceux qu'on appelle cantonnements à proximité de l'ennemi.

L'intention de l'Empereur est qu'une fois ce mouvement fait, il ne passe plus personne par Kehl, cette route est interdite jusqu'à nouvel ordre.   (Lettre de Berthier au général Songis.)

La route de Kehl était la plus courte de toutes celles menant de la base de l'armée française au haut Danube : c'était celle dont l'espionnage userait ; elle fut donc interdite à juste raison.

La Grande-Armée doit s'approvisionner pour l'artillerie et pour ses munitions par Mayence et par Manheim, et les convois qui partiront de Strasbourg pour s'y rendre devront suivre la rive gauche

du Rhin jusque vis-à-vis de Durlach, d'où, selon les circonstances,
ils remonteront jusqu'à Manheim et Spire ou prendront le chemin
de Stuttgard.

(Lettre de Berthier au général Songis.)

Il est de la plus haute importance de déterminer à l'avance
les points de grande concentration d'artillerie et de munitions. Les convois de cette nature doivent être à l'abri de
toute surprise. C'est cette considération qui fit prescrire pour
eux la route de la rive gauche du Rhin ; ils étaient ainsi
à l'abri des partis que Mack avait poussés dans la Forêt-
Noire.

Organisation des armées.

M. le maréchal Davout occupera le 3 Manheim, où il sera réuni ;
il faut qu'il y trouve l'artillerie de son armée, ses munitions et
50 cartouches par homme.

M. le maréchal Soult a l'ordre de se réunir à Spire le 3, et il passera le Rhin les 4, 5 et 6 sur le pont que vous aurez établi. Il faut
qu'il y trouve l'artillerie de son armée, son approvisionnement et
les 50 cartouches qui doivent être distribuées à chaque homme.

M. le maréchal Ney a l'ordre de passer au pont que vous aurez
fait jeter à Durlach le 4 vendémiaire : lui préparer son artillerie,
son approvisionnement et 50 cartouches par homme.

M. le maréchal Lannes passera le 3 le Rhin à Kehl avec les
2 régiments de cavalerie légère de son corps d'armée et la division
de grenadiers : il doit donc trouver à Strasbourg son artillerie, ses
munitions et 50 cartouches par homme.

(Lettre de Berthier au général Songis.)

Le général commandant l'artillerie d'une armée est chargé
de diriger sur chaque corps d'armée l'artillerie qui lui est
allouée et les approvisionnements dont il a besoin pour entrer en campagne. Chaque corps d'armée compose son artillerie divisionnaire et son parc.

Tactique de l'artillerie.

En conséquence des dispositions arrêtées par l'Empereur, général,
vous ferez celles nécessaires pour que, du 3 vendémiaire jusqu'à
minuit du 4, vous jetiez deux ponts sur le Rhin, l'un vis-à-vis de
Durlach, l'autre vis-à-vis de Spire.

(Lettre de Berthier au général Songis.)

Ces ponts étaient des ponts de bateaux.

C'est donc l'artillerie qui, ici, est chargée de jeter des ponts permanents.

Vous ferez distribuer quatre jours de pain et vous ferez suivre pour quatre jours de biscuit, qui doit être conservé pour un jour de bataille, (*Lettre de Berthier au prince Murat.*)

Des distributions de pain tous les quatre jours : approvisionnement de quatre jours de biscuit portés sur les voitures et destinés aux jours de bataille et aux circonstances exceptionnelles.

Excellentes règles pratiques.

Vous ne vous étendrez pas sur votre droite pour en tirer subsistance, cette partie étant destinée au corps du maréchal Soult, mais vous pourrez vous étendre sur votre gauche.

Vous vivrez de réquisitions et vous ferez des bons en règle.

Les quatre jours de biscuit doivent vous servir pour vous approvisionner un jour de bataille et dans le cas où vous seriez obligé de serrer vos troupes, si des raisons de guerre ne permettaient pas qu'elles s'étendissent. Sans la précipitation des mouvements, l'Empereur aurait désiré que toutes les colonnes de l'armée aient pour douze jours de biscuit à leur suite.

(Lettre de Berthier au maréchal Davout.)

Application du grand principe fondamental : se diviser pour vivre, se concentrer pour combattre.

Le système des réquisitions avec bons réguliers prescrit chez les peuples alliés.

Napoléon pensait qu'il fallait avoir jusqu'à douze jours de biscuit à la suite des troupes.

M. le maréchal Soult, qui passe par la route de Spire, a l'ordre de se nourrir sur le pays de sa gauche, de sorte que le pays compris entre sa droite, Spire, Villach et Heilbronn fourniront aux réquisitions nécessaires à votre armée.

(Lettre de Berthier au maréchal Ney.)

Il est nécessaire que le chef d'état-major général assigne

à chaque corps d'armée la partie du pays sur laquelle il
doit vivre et faire des réquisitions, afin que la même zone
ne soit pas requise par plusieurs corps d'armée. Cette indication ne devra être que générale, c'est-à-dire que le chef
d'état-major se contentera de faire connaître à un chef de
corps qu'il devra faire ses réquisitions à la droite ou à la
gauche de son corps d'armée, selon la position des autres
corps.

ÉTUDE DES ORDRES DU 21 SEPTEMBRE

Philosophie militaire.

Je vous envoie ci-joint une proclamation que vous ferez mettre
à l'ordre du jour une heure avant d'attaquer.
> (*Lettre de Berthier au maréchal Masséna.*)

Moment important où le cœur élevé par la gravité de la
circonstance est plus accessible à un noble langage.

Géographie militaire.

L'Adige est une des plus belles lignes pour celui qui occupe
Vérone.   (*Lettre de Berthier au maréchal Masséna.*)

EXÉCUTION DES ORDRES DONNÉS DU 26 AOUT
AU 23 SEPTEMBRE

Logistique.

La marche de la Grande-Armée des bords de l'Océan aux
rives du Rhin et du Mayn (marche de vingt jours) pendant
laquelle chaque corps ne laissa pas plus de 9 ou 10 hommes
en arrière, sur un effectif moyen de 20,000 hommes, doit
être offerte à la méditation de tous les militaires, et surtout
de ceux de l'infanterie.

POSITION DE L'ARMÉE AUTRICHIENNE DU DANUBE
LE 26 AOUT

Stratégie.

Mack avait dû abandonner ses projets d'offensive par suite
du retard des armées russes : il se contenta de se placer
face à la Forêt-Noire, la droite solidement appuyée au camp
retranché d'Ulm, le centre couvert par l'Iller, la gauche

fortifiée à Memmingen, et se liant à l'archiduc Jean placé dans le Vorarlberg. Devant son front, dans la Forêt-Noire, il avait une division et de la cavalerie en observation. A cinquante lieues en arrière, sur l'Inn, était le corps de Kienmayer qui devait assurer la jonction avec les Russes ; cette dernière disposition était des plus vicieuses, car la liaison entre l'Iller et l'Inn ne pouvait se faire qu'en six ou sept jours de marche, et les 20,000 hommes de Kienmayer étaient complétement insuffisants pour l'assurer.

Autre vice très-grave : la partie du Danube entre Ulm et Passau n'était point occupée, ou l'était par de simples postes ; une armée qui déboucherait entre ces deux places tombait, en franchissant le fleuve, sur les derrières de Mack, et le coupait à jamais de Kienmayer, isolé des Russes pour longtemps encore.

PROCLAMATION DE L'EMPEREUR
(27 septembre.)

« Vous n'êtes que l'avant-garde du grand peuple, » dit l'Empereur à son armée ; image grandiose qui rappelle une patrie puissante et glorieuse, puisque 300,000 hommes n'en sont que l'avant-garde.

COMPOSITION DU CONTINGENT BAVAROIS

Ce contingent se composait d'une division mixte et de deux brigades détachées mixtes : la division mixte avait 5 régiments de ligne à 2 bataillons, 1 bataillon d'infanterie légère formant 3 brigades ; à chaque brigade était attaché 1 régiment de cavalerie de 4 escadrons.

Il y avait en outre deux brigades détachées mixtes, l'une de 2 régiments, d'un bataillon d'infanterie légère et d'un régiment de cavalerie ; l'autre d'un régiment d'infanterie, de 2 bataillons d'infanterie légère et d'un régiment de cavalerie.

Littérature militaire.

Organisation des armées.

La force totale, y compris les troupes laissées dans les places, était de 23,477 hommes, dont :

Infanterie, 20 bataillons.	20,000 hommes.
Cavalerie, 20 escadrons.	3,000 —
Artillerie, 4 batteries.	477 hommes

et 24 canons.

L'infanterie étant 1, la cavalerie était entre le 1/6 et le 1/7 ; l'artillerie présentait environ une pièce par 1,000 hommes.

ÉTUDE DES ORDRES DU 27 SEPTEMBRE

Logistique

Sa Majesté est fâchée que le maréchal Ney ne lui ait pas fait connaître sa position aujourd'hui : lui écrire de donner de ses nouvelles deux fois par jour. (*Lettre de Berthier au maréchal Ney.*)

Il faut que le général en chef soit instruit, à tout moment, de la position vraie de chacun de ses corps d'armée : prescrire aux chefs de corps d'écrire deux fois par jour au général en chef est une bonne règle.

Grande tactique.

Arrivé à Stuttgard, toutes vos divisions doivent être très-près les unes des autres, afin que votre corps d'armée puisse se réunir en moins de deux heures en ligne. Sa Majesté ne veut pas d'affaires partielles de division. (*Lettre de Berthier au maréchal Ney.*)

Le maréchal Ney arrivé à Stuttgard devait avoir rencontré et refoulé les premières patrouilles de l'ennemi ; une attaque des Autrichiens pouvait dès lors être dirigée contre lui, et il importait qu'il pût la recevoir bien concentré, c'est-à-dire qu'il pût réunir tout son corps en moins de deux heures. Il lui était recommandé d'éviter absolument toute affaire partielle de division.

Toujours l'application du principe : se diviser pour vivre, se concentrer pour combattre.

ÉTUDE DES ORDRES DU 28 SEPTEMBRE

Stratégie.

Le général Marmont suivra une route parallèle à la vôtre, éloigné au plus de trois ou quatre lieues sur votre droite, ce qui lui per-

mettra de se mettre en communication avec M. le maréchal Davout, et par là les six corps d'armée se trouveront liés entre eux.

(Lettre de Berthier au maréchal Bernadotte.)

La marche de l'armée française était telle que ses différents corps d'armée étaient tous en contact, et qu'ils pouvaient, en cas d'attaque, former en quelques heures une masse de trois corps d'armée, soit 75,000 hommes, grossis le lendemain par les trois autres et 'la réserve de cavalerie, si, par suite de la position du point d'attaque, elle n'avait déjà fait partie de la première concentration.

Logistique.

Vous préviendrez le général Baraguey-d'Hilliers que le grand parc le suivra à plusieurs heures en arrière, et qu'il devra le protéger au besoin : que dans tous les cas, il devra fournir, pour en faire la garde, un bataillon commandé par un oficier ferme.

(Lettre de Berthier au prince Murat.)

Un bataillon pour l'escorte directe du grand parc, une division marchant à sa portée pour le protéger en cas d'une attaque sérieuse.

Administration en campagne.

Vous aurez soin que le pain soit remplacé de manière à ce que vous en ayez toujours pour quatre jours d'avance.

(Lettre de Berthier au prince Murat.)

Règle administrative prescrite pendant toute la campagne.

ÉTUDE DES ORDRES DU 29 SEPTEMBRE

Logistique.

Le chef d'état-major général désignera un des régiments de la division Beaumont, le plus faible en chevaux qui est à Kehl, pour escorter le quartier général. Aussitôt que la gendarmerie destinée au quartier général sera arrivée, ce régiment rentrera à sa division.

(Ordre général du 29 septembre.)

Cet ordre attache donc la gendarmerie à l'escorte des quartiers généraux. Cette disposition n'a pas été adoptée par l'ordonnance du 3 mai 1832 : l'article 169 spécifie en effet que la gendarmerie n'est pas employée au service d'escorte sauf dans le cas de la plus absolue nécessité.

Il est infiniment essentiel dans cette première marche (du grand quartier général) d'établir le plus grand ordre et que chaque chef militaire des différents services reçoive une instruction détaillée.
(Ordre général du 29 septembre.)

Excellente disposition qui, une fois prise, établit la responsabilité de chacun.

Un adjoint à l'état major, attaché à l'adjudant-commandant et sachant la langue du pays, fera le logement du grand quartier général à chaque journée de marche jusqu'à Ludwigsbourg.
(Ordre général du 29 septembre.)

Le service exige presque impérieusement que les officiers, qui doivent préparer les logements, parlent la langue du pays. Que de difficultés et de lenteurs sont alors évitées.

ÉTUDÉ DES ORDRES DU 30 SEPTEMBRE

Stratégie.   La 1re division de M. le maréchal Soult prendra la route de Hall, Gaildorf et Alt-Gmund, afin que si l'ennemi prenait l'offensive, et que de Ulm il se portât pour attaquer notre droite qui passe à Göppingen, cette division se trouvât en mesure de renforcer toute la droite.
(Lettre de Berthier au maréchal Soult.)

Le 10, le général Bourcier réunira toute sa division à Rastadt, en ayant soin que ses premiers avant-postes d'Oberkirch et d'Offenbourg ne soient évacués qu'à minuit du 9 au 10.
(Lettre de Berthier au prince Murat.)

Les rapports ne décelant aucune attaque de Mack par les débouchés de la Forêt-Noire, il était prudent de conclure que ce général, destiné dans le plan de la coalition à envahir la France, se disposerait à frapper un grand coup par la droite, sur la ligne Göppingen-Heidenheim, lorsqu'il apprendrait, ce qui ne pouvait tarder, l'arrivée des Français sur sa propre droite. Il fallait donc préparer vers Göppingen ou Heidenheim, et surtout dans les belles plaines d'Heidenheim et de Nordlingen, une concentration suffisante pour recevoir l'attaque des Autrichiens. C'est dans ce but que la division Saint-Hilaire, la première du 4e corps, reçut l'ordre d'appuyer à droite, pour former avec les corps des maréchaux Lannes et Ney, ainsi qu'avec la réserve de cavalerie, une force capable de résister au premier choc : l'arrivée du restant du 4e corps ne devait exiger que trois ou quatre heures : le lendemain le maréchal Davout entrait en ligne; de sorte que Napoléon aurait eu sous la main, au premier moment, Murat (4 divisions de dragons à cheval, une de dragons à pied, soit 24,000 hommes); Lannes (2 divisions d'infanterie, car la division Gazan allait le rejoindre; une division de grosse cavalerie, une brigade de cavalerie légère, soit 22,000 hommes); Ney (3 divisions d'infanterie, une brigade de cavalerie légère, soit 25,000 hommes); une division du maréchal Soult 8,000 hommes; la garde 7,000 hommes : total 86,000 hommes. Trois ou quatre heures après, l'arrivée du reste du 4e corps portait la concentration à 112,000 hommes, et le lendemain celle du 3e mettait à la disposition de l'Empereur 135,000 hommes, sans que son plan stratégique en reçût aucune atteinte.

Il importait en outre d'entretenir, par une feinte habile, l'attention de Mack éveillée sur son front, c'est pourquoi la division Bourcier fut laissée face aux débouchés d'Oberkirch et d'Offenbourg jusqu'à minuit (nuit du 1er au 2 octobre). A cette époque, en effet, l'armée entière aurait quitté la vallée du Rhin pour celles du Necker, du Kocher, du Jaxt et de l'Alt-Mühl, c'est-à-dire serait sur le flanc droit et en arrière du flanc droit des Autrichiens. L'observation des débouchés des montagnes par la cavalerie de Murat avait lieu depuis le 25 septembre et remplissait le double but de feindre une attaque de Napoléon par la Forêt-Noire et d'avertir si Mack prenait lui-même l'offensive de ce côté.

L'exécution de ces ordres devait aboutir à une marche de

flanc stratégique citée par Jomini comme parfaitement conforme aux principes.

Dans tous les temps, dit-il, on a présenté les marches de flanc comme dangereuses, sans avoir jamais écrit rien de bien satisfaisant sur ce sujet : s'il s'agit de marches *de flanc* tactiques, à la vue de l'ennemi, nul doute du danger d'un pareil mouvement, quoiqu'il ait réussi, mais à deux marches au moins de l'ennemi, il me semble qu'il n'existe aucun danger à une marche de flanc. (*Jomini.*)

Or, on voit que la marche de flanc stratégique de la Grande-Armée s'exécutait à plus de trois marches de la position de l'Iller; qu'elle était garantie : 1° par une chaîne de montagnes dont tous les passages étaient surveillés; 2° par la réunion, en quelques heures, de forces imposantes. Elle était donc tout à fait dans les règles : Jomini la cite comme exemple.

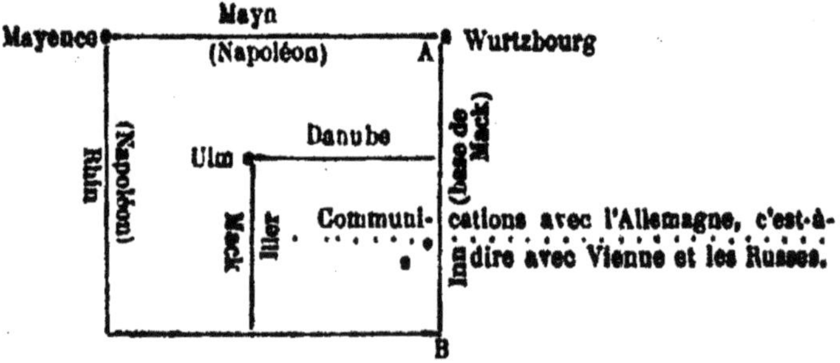

Napoléon ayant d'abord quatre corps d'armée, la réserve de cavalerie sur le Rhin et deux corps sur le Mayn, commença la campagne avec ce que Jomini appelle une base à deux faces. Ce dernier développe ainsi les propriétés d'une pareille base : « L'armée qui occupera deux des côtés de l'échiquier (Napoléon) aura l'avantage sur celle qui n'en occupe qu'un (Mack); car, partant de la base qui est perpendiculaire à celle de l'ennemi (partant de Wurtzbourg) et suivant la ligne A B, elle s'emparera, au point O, des communications de l'ennemi sans perdre les siennes. » (*Jomini.*)

La marche de flanc qui porta les corps du Rhin en avant

de la base Mayence-Wurtzbourg, résulte du principe suivant, qui fut admirablement appliqué : « La possession d'une base à deux faces n'emporte nullement l'obligation de les occuper en forces toutes les deux : il suffit, au contraire, d'avoir sur l'une d'elles quelques points fortifiés, avec un petit corps d'observation, tandis que l'on porte tout le poids de ses forces sur l'autre face. » (*Jomini.*)

Le Rhin, avec ses places de Strasbourg et de Mayence, formait la première face, le corps d'Augereau était suffisant pour la garantir ; le Mayn formait la deuxième face. Les six corps de la Grande-Armée et la réserve de cavalerie vinrent occuper cette dernière, soit une ligne parallèle Manheim-Auspach, se liant avec la base du Rhin par les corps de Ney, Lannes et Murat, réunion que Jomini appelle *pivot de manœuvre.*

C'est ce passage de la première face à la deuxième, ayant trois corps d'armée pour pivot de manœuvre, qui a fait vulgairement appeler *conversion* la grande manœuvre d'Ulm. Cette expression est vicieuse en ce qu'elle paraît créer une combinaison stratégique et consacrer une innovation. Napoléon ne fit, en effet, qu'appliquer les principes de la base à deux faces, et cela avec un art infini, car il fut prêt à tous les instants de son passage d'une face à l'autre à recevoir la bataille dans de bonnes conditions.

M. le prince Murat fera battre par sa cavalerie tous les débouchés qui vont à Ulm. Les trois divisions de dragons seront distribuées de la manière suivante : une le long de la Fuss, l'autre à Geisslingen, éclairant tous les chemins à trois lieues de cette ville, et la troisième en marche sur Heidenheim.

(Lettre de Berthier au prince Murat.)

Grande tactique.

C'est la cavalerie qui éclaire une armée ; elle doit s'éclairer elle-même jusqu'à trois lieues dans tous les sens.

Je vous recommande, monsieur le maréchal, de remplacer chaque jour le pain consommé, afin d'avoir toujours quatre jours d'avance indépendamment de quatre jours de biscuit.

(Lettre de Berthier au maréchal Soult.)

Administration en campagne.

Distributions de pain journalières destinées à maintenir constamment du pain pour quatre jours dans le sac ; quatre rations de biscuit portées sur les voitures à la suite du corps d'armée. Telles sont les règles qui ont été suivies pendant toute la campagne.

ÉTUDE DES ORDRES DU 2 OCTOBRE

Stratégie. Si l'ennemi passait le Danube pour se porter devant vous, vous l'attaqueriez, en ayant soin de maintenir toujours votre communication avec le maréchal Davout ; et, dans ce cas, toute l'armée ferait un mouvement sur vous.

(Lettre de Berthier au maréchal Bernadotte.)

La perfection de la marche stratégique de Napoléon, marche qui permettait à tout moment une concentration, se retrouve encore ici. En supposant une attaque contre le maréchal Bernadotte, celui-ci y opposait immédiatement le 1ᵉʳ corps, 25,000 hommes, les Bavarois, 20,000, le 2ᵉ corps, 20,000, total : 65,000 hommes ; cinq ou six heures après l'apparition de l'ennemi, Bernadotte pouvait compter sur l'arrivée du 3ᵉ corps, ce qui porterait sa force à 95,000 hommes environ. Si enfin les circonstances l'exigeaient, le maréchal Soult pouvait, en deux marches, envoyer deux divisions, ce qui porterait à 123,000 hommes la concentration de la Grande-Armée sur sa gauche.

Dans ce moment, ce dont nous avons principalement à nous occuper, c'est de chasser les ennemis de la Bavière, de rester maîtres du pays et d'écraser les Autrichiens avant l'arrivée des Russes.

(Lettre de Berthier au maréchal Bernadotte.)

On trouve exposé ici, en propres termes, le plan général de Napoléon qui est l'application de ce principe décisif :

Lorsque l'ennemi a commis la faute de se diviser, écraser une de ses parties avant l'arrivée de l'autre.

Petite tactique. L'Empereur désire que vous suiviez vos instructions, et en conséquence que vous fassiez le mouvement prescrit, que vous enleviez quelques patrouilles et fassiez connaître ce que fait l'ennemi.

Donnez ordre à toutes vos patrouilles que si l'on trouve des malles de Vienne et d'Augsbourg, on les ouvre afin de connaître réellement ce que fait l'ennemi.

(Lettre de Berthier au prince Murat.)

Les reconnaissances de cavalerie n'ont pas seulement pour but d'éclairer et de garantir des surprises, elles sont destinées aussi à avoir des nouvelles de l'ennemi par tous les moyens possibles, et surtout en faisant des prisonniers. Dans le but d'avoir des nouvelles, une reconnaissance doi ouvrir toutes les malles et tous les colis venant du côté de l'ennemi.

Quant aux subsistances, il est impossible de vous nourrir par les magasins, cela n'a jamais été, et c'est à ne pas s'être servi de magasins que l'armée française doit une grande partie de ses succès. Vous devez vous nourrir par les réquisitions faites aux baillis; laisser des bons en règle, et l'Empereur fera payer ce qui a été fourni. Toute l'armée française, même l'armée autrichienne, ne vit point autrement que par réquisition.

Administration en campagne.

(Lettre de Berthier au maréchal Bernadotte.)

Ces règles, déjà indiquées, reçoivent ici une nouvelle et formelle consécration.

ÉTUDE DES ORDRES DU 3 OCTOBRE

Il faut, général, que vous fassiez toutes les dispositions nécessaires pour organiser sur-le-champ la route du Rhin sur l'armée. Cette route partira de Spire, passera par Heilbronn, Oehringen, Hall, Ellwangen et Nordlingen.

Logistique.

Le général Rheinwald commandera à Spire.

Tout ce qui partira de Spire ne se mettra en marche que d'après les ordres du général Rheinwald et en conséquence d'une feuille de route qu'il fera délivrer.

Vous réglerez les stations de journées d'étapes de Spire à Nordlingen, de manière à ne faire que cinq ou six lieues par jour.

Il sera placé dans chaque station un commandant d'armes de quatrième classe et un adjudant de deux en deux journées. Il sera aussi placé dans tous les endroits où il y aura un adjudant, un commissaire des guerres ou un adjudant faisant fonctions.

Les vivres seront donnés pour deux jours à la station où sera le commissaire.

Il sera organisé sur cette route un service de gendarmerie, et tout y sera disposé de manière à assurer le service des troupes et détachements de conscrits qui seront dans le cas de rejoindre l'armée, sous le rapport des convois, sous celui des évacuations d'hôpitaux, et enfin sous celui des prisonniers de guerre.

Il faut que l'intendant général de l'armée organise le service des vivres et des fourrages sur toute cette ligne.

Il sera nécessaire de prévoir comment le service des différentes colonnes de l'armée pourra se réunir sur toute la route désignée : cela devra toujours se faire le plus près possible de la ligne de bataille, le partage se faisant en arrière du centre.

Les prisonniers de guerre seront escortés par des détachements commandés par des officiers qui en répondront.

(Lettre de Berthier au général Rheinwald.)

Ces dispositions doivent être prises pour modèle.

ÉTUDE DES ORDRES DU 4 OCTOBRE

Logistique. Vous préviendrez le général d'Hautpoul qu'il fait l'arrière-garde de la colonne qui suit l'Empereur, qu'il doit laisser un régiment en arrière pour pousser devant lui les traînards, les convois et les détachements. *(Lettre de Berthier au général Andréossy.)*

Un régiment d'extrême arrière-garde et destiné à laisser entre lui et l'arrière-garde une distance d'environ 1 kilomètre. Sa mission sera de pousser devant lui les traînards, les convois et les détachements. L'article 130 de l'ordonnance du 3 mai 1832 a admis cette particularité en principe.

M. le général Andréossy fera connaître au vaguemestre général que deux voitures à moi, porteurs d'ordres particuliers, seront autorisées à devancer la colonne : elles montreront l'ordre que je leur aurai donné. *(Lettre de Berthier au général Andréossy.)*

Il est défendu à toute voiture de marcher séparée de la colonne d'équipages à laquelle elle appartient. Il peut être fait quelques exceptions rares motivées par le bien du service et autorisées par le chef d'état-major. L'article 132 de

l'ordonnance du 3 mai 1832 n'a pas admis cette disposition en propres termes, mais il laisse entrevoir la possibilité de son application.

Veuillez, monsieur le général, conformément à l'intention de Sa Majesté, ordonner qu'un officier wurtembergeois soit toujours près de moi, au quartier général de la Grande-Armée, afin de rendre nos relations plus faciles et plus promptes.

(Lettre de Berthier au général commandant
le contingent wurtembergeois.)

Excellente règle pour le cas où une armée comprend dans sa composition des troupes étrangères alliées.

INACTION DE MACK

Des instructions précises enjoignaient au général Mack de rester sur l'Iller le plus longtemps possible et d'y attendre les Russes : mais c'est ici le cas de remarquer que des instructions, même le mieux combinées, ne peuvent qu'esquisser les situations et la conduite que doit tenir le général en chef, lequel conserve sa liberté d'action, et n'est jamais l'esclave d'instructions littérales dont il doit suivre seulement le sens général.

Que disaient en substance ces instructions? Rester sur l'Iller. Quelles étaient les circonstances?

Des avis nombreux du haut Necker étaient parvenus à Ulm, annonçant la marche de ce côté de l'armée française, les nouvelles de la Forêt-Noire apprenaient au contraire que cette armée n'avait plus qu'un rideau de postes dans la plaine du Rhin.

Il était facile de conclure que Napoléon tournait le flanc droit de la position qu'on occupait sur l'Iller. Il fallait donc lui faire face avec toute l'armée rapidement concentrée à Ulm et lui livrer bataille. Si l'on était battu, on se retirerait en ordre dans le camp retranché d'Ulm, magnifique position où M. de Kray, avec des troupes battues aussi, avait conjuré la fortune en 1800 et su tenir un grand mois.

Or, pourquoi la position de l'Iller était-elle à juste titre considérée par les instructions du général Mack comme une excellente position d'attente? Etait-ce par elle-même, c'est-à-dire par le cours de l'Iller? Non, car cette rivière est un faible obstacle : était-ce par le point d'appui de Memmingen, mauvaise place? Non encore. C'était à cause de la position d'Ulm, tenant les deux rives du Danube, et possédant au moyen de son camp retranché, qui peut contenir 100,000 hommes, une double propriété stratégique. Celui qui l'occupe peut en effet : 1° déboucher sur les derrières de l'armée qui, ayant franchi l'Iller, marcherait sur l'Isar et sur l'Inn; 2° combattre sur la rive gauche du Danube pour empêcher l'ennemi de déboucher des Alpes de Souabe, et en cas de défaite se retirer en bon ordre sur le camp retranché d'où il ne cesse d'être une menace sur le flanc droit de l'ennemi.

Géographie militaire. La création d'un camp retranché à Ulm constitue une position stratégique formidable : une armée de 100,000 hommes peut s'y concentrer ou s'y refaire après une bataille perdue. Elle peut en déboucher, soit pour refouler sur le haut Necker une armée qui aurait franchi les Alpes de Souabe, soit pour manœuvrer sur la rive droite du Danube en s'élevant sur les derrières d'une armée, qui, après avoir forcé ou tourné la ligne de l'Iller, marcherait sur celles du Lech, de l'Isar et de l'Inn.

ÉTUDE DES ORDRES DU 5 OCTOBRE

Stratégie. Il est certain que l'ennemi occupe Eichstett avec 12 ou 15,000 hommes. Le maréchal Bernadotte ou le général Marmont n'auront pas manqué de vous instruire si ce corps s'est augmenté ou diminué : dans tous les cas, l'intention de Sa Majesté est que, aussitôt que vous serez certain que l'ennemi n'a pas de corps en position dans la plaine de Nordlingen capable d'arrêter la marche du maré-

chal Soult, vous devez vous diriger de Oettingen sur Monheim. Par
là, vous vous trouverez plus près du général Marmont et du maréchal Bernadotte, et si cette armée avait besoin de votre assistance,
vous seriez toutes les dispositions pour la soutenir.

(Lettre de Berthier au maréchal Davout.)

Les rapports annonçant des affaires probables à Nordlingen et à Eichstett, Napoléon destinait à la première les corps
des maréchaux Soult et Davout soutenus par les 5e et
6e corps et la réserve de cavalerie; à la seconde ceux du
maréchal Bernadotte, le corps bavarois et le 2e corps. Si
l'ennemi n'était pas en forces à Nordlingen, le 3e corps avait
l'ordre de marcher sur Eichstett, ce qui devait rendre décisive en notre faveur l'action qui y serait engagée.

Napoléon était donc prêt et concentré à tout moment pour
combattre soit sur deux points à la fois, soit sur un seul.

Vous tâcherez de surprendre le pont de Neubourg ou tout autre
passage, pourvu que ce soit entre le confluent du Lech et Neubourg.
Si vous parvenez à avoir un passage sur le Danube, vous passerez
sur-le-champ avec tout votre corps, et vous en préviendrez le maréchal Bernadotte et le général Marmont, pour qu'ils activent leur
marche sur ce fleuve et le passent sur-le-champ.

(Lettre de Berthier au maréchal Davout.)

Disposition prudente qui évitait de laisser le maréchal
Davout isolé sur la rive droite du Danube.

Si l'ennemi était assez imprudent pour vous attendre à Nordlingen, l'Empereur espère que vous le traiteriez de la bonne manière.
(Lettre de Berthier au maréchal Soult.)

La position des Autrichiens à Nordlingen les obligeait à
combattre le Danube à dos et les Français devant leur front
et sur leur flanc droit. Livrer bataille dans ces conditions
eût été une faute insigne, la retraite ne pouvait se faire que
par le pont de Donauwerth, car il ne fallait pas songer à se
replier sur le camp retranché d'Ulm éloigné de 18 lieues :
d'ailleurs, Murat, avec la réserve de cavalerie, avait pour
mission d'inquiéter vivement cette retraite.

Grande tactique.

Si l'ennemi n'est pas en forces à Donauwerth et qu'avec vos 6 ou 8,000 dragons vous puissiez en enlever le pont et surprendre le passage, vous êtes autorisé à le faire. Vous placeriez sur-le-champ votre artillerie pour défendre le pont, et vous y feriez faire les travaux indispensables. *(Lettre de Berthier au prince Murat.)*

Ces dispositions prescrivent la manière de défendre un pont qu'on est intéressé à ne pas détruire. La défense, dans ce cas, se fera par des batteries placées sur la rive opposée à celle par laquelle l'ennemi se présentera, batteries qui croiseront leurs feux en avant du pont : une forte barricade sera placée au débouché du pont du côté de l'ennemi.

Vous instruirez le maréchal Soult de tout ce que vous apprendrez dans la journée du 14 (6 octobre) et dans la nuit du 14 au 15. Vous instruirez le maréchal Davout, qui, le 13 (5 octobre), arrive à Oettingen, de tout ce que vous apprendrez, et enfin vous tiendrez également au fait de tout ce que vous saurez au sujet de l'ennemi le maréchal Ney, qui part le 15 de Heidenheim pour se diriger sur Neresheim. *(Lettre de Berthier au prince Murat.)*

La cavalerie toujours les yeux de l'armée : obligation pour son chef de tenir au courant les chefs de corps d'armée qui sont à sa portée, de tout ce qu'il a appris concernant l'ennemi.

Dans le cas où l'ennemi serait en forces à Nordlingen, vous aurez sûrement écrit au maréchal Davout, qui vous aurait envoyé la réserve de cavalerie du général Nansouty, la cavalerie légère et une portion de son corps d'armée.

(Lettre de Berthier au maréchal Soult.)

La solidarité des différents corps d'armée, des divisions et des brigades au combat est le premier des principes tactiques. Les troupes que l'on doit envoyer tout d'abord pour soutenir un corps d'armée sont celles qui peuvent se porter à son secours avec le plus de rapidité, c'est-à-dire la cavalerie : l'infanterie suit.

Grande tactique.

Si l'ennemi se trouvait en forces de l'autre côté du Danube, et qu'il fût impossible de surprendre le pont de Donauwerth, vous rassemblerez tout ce qu'on pourra trouver de nacelles et de bateaux

et vous reconnaîtrez tous les points sur le Danube, afin que le 16
(8 octobre) on puisse aviser aux moyens de passer le fleuve.

(Lettre de Berthier au prince Murat.)

La cavalerie est chargée de rechercher, en galopant sur
la rive, toutes les nacelles, bateaux et moyens de passage
d'un cours d'eau : ses innombrables patrouilles devront dé-
couvrir les endroits où les paysans cachent leurs barques,
nacelles et autres matériaux utiles au passage.

Logistique.

Le général Dumas, que je vous envoie, arrangera avec vous la
route que vous devrez tenir, vu que c'est une route de traverse qu'il
faut reconnaître.   *(Lettre de Berthier au maréchal Ney.)*

Les meilleures cartes ne peuvent suppléer aux reconnaissances locales : quelques renseignements que l'on ait sur une
route, il faut les faire vérifier scrupuleusement par des reconnaissances.

Prévenez tous les commandants en chef des différents corps que
toute autre route que celle de Spire à Nordlingen est proscrite.

(Lettre de Berthier au général Andréossy.)

Il est urgent que les chefs de corps d'armée connaissent la
route de communication avec la base fixe d'opérations. Cette
route est très-importante, c'est celle des étapes, de tout ce qui
va à l'armée, ou en revient.

Venez demain matin prendre connaissance sur mon registre des
mouvements que j'ai ordonnés.

(Lettre de Berthier au général Andréossy.)

Nécessité pour le chef d'état-major d'avoir un registre, sur
lequel sont inscrits tous les mouvements de troupes et de
matériel ordonnés.

PASSAGE DU DANUBE ET COMBAT DE DONAUWERTH
(6 et 7 octobre.)

Le maréchal Soult trouva le pont de Munster sans défense,   Stratégie.
et un seul bataillon à Donauwerth.

Était-ce ainsi que Mack voulait garder les passages du fleuve sur ses derrières ? S'il prétendait défendre l'accès du fleuve à Napoléon, ce n'était pas à Ulm qu'il aurait dû rester : il fallait faire surveiller tout le cours du Danube jusqu'à Ingolstadt par sa nombreuse cavalerie, et s'établir avec son armée bien concentrée à hauteur de Donauwerth, à portée de courir au point menacé. Au lieu de cela, il resta inerte dans Ulm, et sacrifia bien inutilement un bataillon à Donauwerth.

Grande tactique.

Le bataillon autrichien du régiment de Colloredo, placé à Donauwerth, assailli par toute une division (Vandamme), ne devait pas essayer de défendre le pont de cette ville : la seule chose à faire était de le détruire. Son chef voulut le défendre, puis le détruire, il n'eut le loisir ni la faculté de faire ni l'un ni l'autre. Sa faiblesse numérique l'autorisait, dès l'apparition des Français en nombre considérable, à faire sauter le pont et à opérer sa retraite.

PASSAGE DU LECH. COMBAT DE RAIN

(9 octobre.)

Tactique de la cavalerie.

Ce combat offre l'exemple d'un passage à la nage de deux escadrons, suivi d'une mêlée immédiate avec la cavalerie ennemie.

Philosophie militaire.

Le dragon Marente, cassé de son grade de brigadier quelques jours avant le combat, par son capitaine, n'hésita pas à sacrifier sa vie pour le sauver lorsqu'il était entraîné par le courant du Lech. Noble conduite d'un cœur inaccessible au ressentiment et voué tout entier au devoir.

ÉTUDE DES ORDRES DU 6 OCTOBRE

Stratégie.

La division Gazan prendra à Aalen une position très-militaire, afin qu'elle soit à l'abri de toute surprise, et qu'elle soit à même de bien recevoir l'ennemi qui pourrait se présenter en venant d'Ulm.

(Lettre de Berthier au maréchal Lannes.)

Il est ordonné au général Bourcier de prendre position dans la journée du 14 (6 octobre) et dans celle du 15 (7 octobre) pour couvrir jusqu'au 15 au soir tous les débouchés d'Ulm, et servir d'avant-garde au corps du général Baraguey-d'Hilliers qui est à Heidenheim et à la division Gazan qui est en position à Aalen.

(Lettre de Berthier au général Bourcier.)

Dirigez-vous, comme je vous l'ai mandé, sur Donauwerth.

(Lettre de Berthier au maréchal Ney.)

L'expression *comme je vous l'ai mandé* reporte aux instructions envoyées le 5 au maréchal et ainsi conçues :

Vous devez vous mettre en position de manière à couper la chaussée de Donauwerth à Ulm, au village qu'on présume être Erlinck-Hoffen, ayant des avant-postes jusqu'au village d'Hochstett.

(Lettre de Berthier au maréchal Ney.)

Que pouvait faire Mack, si, comme tout l'indiquait, il ne se portait pas en forces à Nordlingen ? Deux choses : ou défendre le Danube d'Ulm à Ingolstadt, ou déboucher d'Ulm pour tomber sur le flanc de l'armée française occupée au passage du Danube, et en même temps sur ses communications par Heidenheim.

Pour le premier cas, Napoléon avait sous la main les 1er, 2e, 3e 4e et 5e corps, la cavalerie de réserve et la garde, toute l'armée en un mot, moins le 6e corps.

Pour le second, Mack devait rencontrer devant lui, vers Neresheim, le 5e corps et la garde, renforcé en deux heures du 4e, en quatre heures du 3e : sur son flanc droit le 6e et 3 divisions de dragons de Murat.

Quant à la ligne de communications, elle était sauvegardée par la division Bourcier en avant d'Heidenheim, la division Baraguey-d'Hilliers à Heidenheim, la division Gazan à Aalen, forces suffisantes pour se concentrer en bon ordre à Aalen, après avoir disputé le terrain pied à pied et y attendre l'arrivée des 4e, 5e et 6e corps, plus la cavalerie de Murat sur le flanc droit de l'ennemi.

Grande tactique.

La dépêche au général Bourcier, citée plus haut, montre encore la cavalerie éclairant au loin (3 et 4 lieues) les troupes d'infanterie.

Logistique.

Soyez exact, général, à me faire parvenir de vos nouvelles deux fois par jour à Nordlingen.

(Lettre de Berthier au général Bourcier.)

La position du général Bourcier en avant d'Heidenheim, c'est-à-dire en vue du Michelsberg, était évidemment de la plus haute importance pour connaître les mouvements des Autrichiens sur la rive gauche. C'est pourquoi le major général demande à cet officier deux rapports par jour, sans compter les rapports extraordinaires.

ÉTUDE DES ORDRES DU 7 OCTOBRE

Stratégie.

Tout donne à espérer que l'armée ennemie est tournée, et que nous serons derrière le Lech avant elle.

(Lettre de Berthier au maréchal Bernadotte.)

C'est la confirmation du plan général de Napoléon : déborder l'armée de Mack sur son flanc droit et la couper irrévocablement des Russes, soit de sa base d'opérations.

Grande tactique.

Donnez l'ordre à votre cavalerie de passer le pont de Munster à la petite pointe du jour, et d'éclairer la route qui va de Dillingen à Augsbourg.

(Lettre de Berthier au maréchal Lannes.)

La cavalerie employée à éclairer jusqu'à 5 et 6 lieues en avant de l'armée.

Ordre au général Saint-Hilaire de passer demain à sept heures du matin le pont de Donauwerth et de prendre un bivouac sur deux lignes à une demi-lieue en avant du pont.

(Lettre de Berthier au général Saint-Hilaire.)

Ordre au général Nansouty de bivaquer sur deux lignes à trois quarts de lieue en avant de Donauwerth.

(Lettre de Berthier au général Nansouty.)

On doit déduire de ces instructions qu'il faut bivaquer dans l'ordre de combat.

Le Lech sera probablement passé cette nuit. Votre passage à Rauertshoffen en sera d'autant plus facile. Prenez le moulin, défaites-le; cela vous fera autant de pontons.

(Lettre de Berthier au maréchal Davout.)

Les débris de moulins de bois peuvent servir à l'établissement de ponts et de pontons.

Tous les dépôts de cavalerie seront sous les ordres d'un général de brigade, afin que l'état-major puisse avoir un état de situation exact tous les jours, et qu'on puisse les diriger à volonté.

(Berthier.)

Les dépôts de cavalerie reçoivent les chevaux fatigués et blessés, puis les restituent aux corps lorsqu'ils sont en état. De là nécessité d'un service fortement organisé et contrôlé.

L'Empereur a appris avec mécontentement que vous ayez laissé en arrière vos pièces de 12 et beaucoup de munitions. Vous aviez cependant les moyens de chevaux de réquisition, et vous êtes le seul dans l'armée à qui cela soit arrivé, de manière que vous vous trouvez n'avoir pas le nombre de cartouches nécessaires ni vos grosses pièces, si utiles, dans la position où nous nous trouvons, pour passer le Danube.   (Lettre de Berthier au maréchal Davout.)

Il faut que les parcs des corps d'armée les suivent partout; à défaut d'attelages suffisants, il doit être fait des réquisitions de chevaux; un corps d'armée sans son parc est exposé, en outre, à manquer de munitions après une affaire, et quelquefois pendant une affaire.

ERREUR DE MACK ET DE L'ARCHIDUC FERDINAND

Mack et l'archiduc Ferdinand crurent, jusqu'au combat de Donauwerth, qu'ils devaient rester inébranlables dans leur camp retranché d'Ulm. Ils n'attachèrent pas une grande importance aux rapports qui leur signalaient la présence des

Français sur le haut Neckar. Persuadés, d'autre part, que les corps de Bernadotte et de Marmont n'étaient qu'une vaine menace et que leur destination vraie était d'être disponibles contre la Prusse, dont le langage politique était de plus en plus hostile à la France, ils ne songèrent pas un seul instant qu'ils pussent être destinés à les couper de Kienmayer et des Russes.

Comment expliquer alors la marche stratégique de Napoléon? Mack et le prince pensèrent qu'elle n'avait d'autre but que d'éviter de s'engager de front dans les passages de la Forêt-Noire, et que l'armée française, après avoir débouché des Alpes de Souabe, laisserait un rideau devant le camp retranché d'Ulm pour remonter ensuite jusqu'à Riedlingen, y franchir le Danube et prononcer son attaque sur la ligne de l'Iller. On voit que cette erreur reposait sur la fausse idée que les généraux autrichiens se faisaient de la destination des 1ᵉʳ et 2ᵉ corps de la grande armée, renforcés du corps bavarois. La faute en est surtout à leur gouvernement, qui avait connaissance du mouvement débordant des Français, mais qui se berçait de l'espoir prématuré d'une diversion active de la Prusse et en influençait ses généraux. Quant au plan qui consistait à remonter le Danube jusqu'à Riedlingen, Mack ne réfléchit pas que son exécution nécessitait une marche de flanc à portée de l'ennemi, qu'un capitaine aussi consommé que Napoléon n'entreprendrait pas.

DÉTERMINATION DE MACK ET DE L'ARCHIDUC A LA NOUVELLE DES COMBATS DE DONAUWERTH ET DE RAIN

(7 octobre, dans la journée.)

Stratégie.

Les rapports qu'ils reçurent et les fuyards de Donauwerth vinrent enfin tirer Mack et l'archiduc de leur inaction : ils apprécièrent la gravité de la situation et l'importance du mouvement de l'aile gauche des Français.

Pensant qu'en agissant avec vigueur ils pourraient, en se

portant en masse sur Donauwerth par la rive droite du Danube, refouler les Français sur la rive gauche, ils ordonnèrent un changement de front face au Lech et une marche immédiate sur Donauwerth. Un corps considérable fut laissé dans le camp retranché du Michelsberg, et la place d'Ulm dut être augmentée de nombreux ouvrages de fortification passagère.

Il importait, en outre, d'empêcher les Français de déboucher sur le flanc gauche de l'armée pendant la marche sur Donauwerth; aussi 10,000 hommes furent-ils envoyés aux ponts de Reissensbourg, de Guntzbourg et de Leipheim, qu'il fallait conserver afin d'assurer une communication immédiate avec les troupes laissées au Michelsberg. Enfin le général d'Auffenberg, envoyé du Tyrol par l'archiduc Jean, avec 10,000 hommes, pour renforcer l'armée du Danube, reçut ordre de marcher sur Donauwerth.

Ces dispositions, exécutées le 5 et le 6, peut-être même le 7, eussent été excellentes; mais le 8 elles étaient bien tardives, car elles ne pouvaient avoir de résultat utile que le 9; or il était fort à craindre qu'à cette époque la plus grande partie de l'armée française ne fût sur la rive gauche : ce qui montre combien le temps est précieux à la guerre.

ÉTUDE DES ORDRES DU 8 OCTOBRE

Napoléon pouvait-il supposer que Mack essayerait de le refouler sur la rive gauche du Danube? Non, assurément, car il était trop appréciateur du prix du temps. Si toutefois il faisait cette hypothèse, il avait à opposer à l'ennemi, sur la rive droite, en avant de Donauwerth, tout le 4e corps (3 divisions), le 5e corps (2 divisions), 3 divisions de dragons, la division Nansouty, la division d'Hautpoul, la garde, total : 65,000 hommes, qui, en quelques heures, pouvaient être renforcés par le 3e corps et même par une partie du 6e, ce qui porterait à 110,000 hommes la concentration de l'armée française pour une bataille sur la rive droite du Danube.

Quels étaient les autres partis que pouvait prendre Mack ?

Se retirer en Bohême par Nordlingen et Nuremberg ; se retirer sur l'Inn par Augsbourg ;

Se retirer sur l'Inn ou sur le Tyrol par Memmingen.

Ces quatre hypothèses, Napoléon les fit, ainsi qu'il ressort des ordres ci-après :

Comme il est probable que le passage du Lech et l'occupation d'Augsbourg, qui auront lieu dans la journée, vont enfin éclairer l'ennemi, il est nécessaire que vous ayez toujours derrière vous un pont sur le Danube, parce que, par une marche de flanc, vous vous porteriez sur le Lech (c'est-à-dire Landsberg).

(Lettre de Berthier au maréchal Ney.)

Il est impossible que l'ennemi, instruit du passage du Danube et du Lech, ne songe sérieusement à prendre le parti de la retraite ; il est à croire qu'il essayera d'abord de la faire sur Augsbourg ; mais bientôt il apprendra qu'il n'est plus temps et il tentera de la faire sur Landsberg, où, si nos troupes arrivent à temps, il se décidera à donner bataille ou enfin à se retirer dans le Tyrol. Sa Majesté ne pense pas que l'ennemi soit assez insensé pour passer sur la rive gauche du Danube, puisque tous ses magasins sont à Memmingen, et qu'il a le plus grand intérêt à ne pas se séparer du Tyrol, que dans cette manœuvre il découvrirait entièrement.

(2ᵉ Lettre de Berthier au maréchal Ney.)

Napoléon, sans négliger l'hypothèse de la retraite sur la Bohême, admettait comme réunissant les plus nombreuses conditions de probabilité le mouvement sur Landsberg.

A la marche sur la Bohême il opposa le 6ᵉ corps renforcé des divisions Bourcier, Baraguey-d'Hilliers et Gazan, soit 30,000 hommes, qu'il serait facile de renforcer par Donauwerth ou par Guntzbourg.

A la retraite sur l'Inn ou le Tyrol par Landsberg, ou à celle sur le Tyrol par Memmingen, il opposa toute la Grande-Armée et même une partie des troupes laissées à Ney sur la rive gauche du Danube.

Logistique.   Vous aurez de forts partis sur la route d'Augsbourg à Ulm, parce qu'il est important qu'avant que nos troupes occupent cette ville, ces patrouilles puissent enlever les diligences, les voyageurs, même les détachements ennemis qui se rendraient d'Augsbourg à Ulm.

(Lettre de Berthier au prince Murat.)

La cavalerie est chargée d'enlever les diligences et les voyageurs venant du côté de l'ennemi, et de compléter ainsi les reconnaissances et les rapports des espions.

COMBAT DE WERTINGEN

(8 octobre.)

Murat, en faisant menacer la ligne de retraite du général d'Auffenberg, provoqua la retraite de ce dernier.

Auffenberg voulut battre en retraite en conservant l'ordre en carré, mais il n'y parvint pas : le désordre fut bientôt affreux et la débandade générale. Il ne pouvait en effet en être autrement, le carré autrichien formé par 9 bataillons serrés en masse était un carré plein et extrêmement peu mobile. Le général d'Auffenberg eût dû former son infanterie en carrés obliques ou échelonnés chacun d'un ou de deux bataillons.

MACK RENONCE A SON PLAN, MAIS CONTINUE

A OCCUPER GUNTZBOURG

Mack, à la nouvelle de cet échec, conclut, ce qu'il aurait dû faire dès le 7, que les Français avaient passé le Danube avec des forces considérables, et qu'il allait se heurter à des masses. Il renonça donc à sa marche sur Donauwerth et rentra dans Ulm. Il laissa toutefois aux ponts de Guntzbourg les forces qu'il avait envoyées, afin d'obliger les Français de la rive gauche à un long détour jusqu'à Lauingen et Dillingen, pour communiquer avec la partie de leur armée qui avait passé le Danube : bonne disposition de détail, mais qui eût été plus importante, si elle avait eu pour but de cou-

vrir contre le maréchal Ney la retraite de toute l'armée sur
Landsberg, retraite qui était la seule détermination raisonnable et à laquelle Mack ne se résolut pas, comme on va le
voir.

NAPOLÉON INSTRUIT DU COMBAT DE WERTINGEN. — ÉTUDE DES ORDRES DU 8 OCTOBRE AU SOIR

Stratégie.   Il est essentiel que vous arriviez promptement à Guntzbourg,
afin d'intercepter tous les mouvements de l'ennemi d'Ulm sur
Augsbourg et d'Ulm sur Donauwerth.

> (*Lettre de Berthier au maréchal Ney.*)

La possession de Guntzbourg avait le double but de permettre au maréchal Ney de passer le Danube, sans faire le
long détour de Lauingen et de Dillingen, afin de se jeter sur
le flanc gauche ou les derrières de Mack, dès qu'il prononce-
rait un mouvement sur Augsbourg ou Landsberg.

Logistique.   Quelques prisonniers faits au commencement de l'action disaient
qu'il y avait 14 bataillons partis d'Ulm, pour venir occuper la tête
du pont de Donauwerth.   (*Lettre de Berthier au maréchal Soult.*)

Il est très-important de questionner, dès leur capture, les
prisonniers faits pendant le combat : il est rare qu'ils aient
alors le sang-froid de déguiser leurs pensées et de calculer
leurs réponses. Le dire des prisonniers autrichiens annonçant qu'il marchait des forces considérables d'Ulm à Donauwerth était la révélation des projets de Mack. Si ces
prisonniers n'avaient été interrogés que le soir avec les autres,
les réponses eussent pu être moins véridiques : d'ailleurs
les prisonniers interrogés dans la soirée auraient pu se
borner à indiquer de quel côté ils venaient eux-mêmes (du
Tyrol), sans faire l'importante révélation du mouvement
combiné qui s'effectuait d'Ulm sur Donauwerth, ou devait
s'effectuer d'après la détermination primitive du général
Mack.

L'Empereur a vu avec peine, monsieur le Maréchal, que vous vous soyez éloigné du centre de la guerre, car vous deviez être à Augsbourg par l'extrémité de votre gauche, c'est-à-dire que vous deviez le dépasser sur-le-champ et faire une marche sur Ulm : au lieu de cela vous êtes une demi-marche en arrière.

(*Lettre de Berthier au maréchal Soult, minuit.*)

Le maréchal Soult avait pour objectif Augsbourg, mais il ne devait y parvenir qu'après s'être assuré que l'ennemi n'était pas en forces à Aicha (cet ordre résulte d'une lettre de Berthier en date du 8 octobre). Il était donc impossible que le 4° corps pût avoir atteint Augsbourg le 8.

Il était encore plus impossible que ce corps assistât au combat de Wertingen, ainsi que le suppose une dépêche de Berthier, datée de Donauwerth, 8 heures du soir et ainsi conçue.

L'Empereur imagine que la division du général Saint-Hilaire aura pris part à l'affaire, puisqu'elle se trouvait à hauteur.

Il est permis de déduire que les ordres du grand état-major ont ici manqué de précision.

MISSION DU CHEF D'ESCADRON EXELMANS

L'Empereur reçut à Donauwerth, et en présence de son état-major, le chef d'escadron Exelmans, porteur des drapeaux pris à Wertingen et du rapport de Murat. Il lui remit la croix d'officier de la Légion d'honneur, en lui adressant ces paroles flatteuses : « Je sais qu'on ne peut pas être plus brave que vous. »

Ces mots, tombés d'une bouche auguste, restèrent certainement gravés dans le cœur du brillant aide de camp : ils préparèrent le héros de Rocquancourt, et firent du chef d'escadron de 1805 un maréchal de France.

C'est en donnant aux récompenses militaires un glorieux éclat, en frappant les fibres du cœur humain et en faisant pénétrer en lui l'ardent désir de les mériter, que le général développe les traits de bravoure qui décuplent les forces de son armée.

PARTI QUE PREND MACK LE 8 OCTOBRE AU SOIR

Stratégie. On a vu que la retraite sur le Tyrol par Memmingen était la meilleure conduite à tenir par Mack; mais s'attachant littéralement à ses instructions, il ne sut pas comprendre qu'elles ne s'appliquaient qu'au cas d'une attaque de front par le haut Danube, et qu'elles ne pouvaient lui permettre de se laisser tourner et déborder jusqu'à Donauwerth et même Ingolstadt, mouvement stratégique qui le coupait de Kienmayer et des Russes. Mack était absorbé par l'exemple de M. de Kray en 1800. Or il n'y avait rien de comparable dans les deux situations. En effet, en 1800, Moreau, après les deux victoires d'Engen et de Mosskirch, menaça Augsbourg, c'est-à-dire la ligne de retraite de Kray, mais il le fit timidement, en prenant une position vicieuse : il laissa en effet devant Ulm sa gauche composée de deux corps d'armée qui furent placés l'un sur la rive gauche, l'autre sur la rive droite du Danube; puis il dirigea sa droite sur Augsbourg, ce qui donnait à son armée un front de vingt lieues. L'armée française ne cessait donc pas un seul instant d'être en vue de M. de Kray, qui reconnut bientôt que le mouvement sur Augsbourg n'était pas sérieux, et resta habilement à Ulm. Si Moreau avait marché résolûment sur Augsbourg, nul doute que M. de Kray ne fût sorti de son camp retranché pour couvrir les frontières de l'empire.

Mack sachant les Français en masse à Donauwerth et à Ingolstadt eût donc dû prendre le parti d'une retraite immédiate sur le Tyrol.

COMBAT DE GUNTZBOURG
(9 octobre.)

Grande tactique. Il est à peu près impossible de réparer sous le feu de l'ennemi en position un pont dont une travée a été complètement rompue : il n'en est pas de même si la travée n'a été qu'imparfaitement détruite : le pont de Guntzbourg arrêta tous les efforts des travailleurs de la brigade Marcognet, tandis que celui de Reisensbourg, dont une travée était seulement endommagée, fut promptement réparé par le 59ᵉ régiment de ligne, qui passa le pont du Danube et décida le combat.

Le même 59ᵉ régiment, chargé par les hussards de Blankenstein, les reçut en carré et les repoussa par des feux à bout portant.

La bravoure est une qualité dominante dans l'armée française ; toutefois il ne faut pas compter absolument sur le courage de tous : à côté des braves on trouve des habiles qui savent se retirer du danger sans qu'on s'en aperçoive. L'observation attentive des chefs sur chacun des hommes placés sous leur commandement est un devoir impérieux : l'homme faible, qui sait qu'on l'observe, trouvera la plupart du temps la bravoure dans un amour-propre surexcité.

Au combat de Guntzbourg, dit le général de Fézensac dans ses mémoires, un sergent de ma connaissance (59ᵉ) se cacha et ne fut pas le seul : chaque compagnie du régiment avait, à cet égard, une histoire à raconter.   (DE FÉZENSAC.)

NAPOLÉON A ZUMMERSHAUSEN

(9 octobre.)

L'Empereur passa une grande revue à Zummershausen ; il se fit présenter les braves qui s'étaient distingués aux combats de Rain et de Wertingen, heureux d'avoir à récompenser dans les champs de Zummershausen les petits-fils des dragons de Turenne. (Victoire du 17 mai 1648.)

ÉTUDE DES ORDRES DU 9 OCTOBRE

Éclairez bien les mouvements de l'ennemi sur la rive gauche, afin de donner le temps à l'Empereur d'envoyer un corps d'armée pour manœuvrer et agir sur la rive gauche du Danube, dans le cas où cela deviendrait nécessaire.

(Lettre de Berthier au maréchal Bernadotte.)

Ces reconnaissances étaient rendues nécessaires par l'obligation de surveiller au loin les vallées de l'Altmuhl et de la Rednitz, par où pouvait déboucher une armée autrichienne ou russe venant de la Bohême.

Quant à Ulm, il est impossible que l'ennemi l'occupe en force. S'il l'occupe avec 3 ou 4,000 hommes, envoyez une division pour l'en chasser; s'il l'occupe avec des forces beaucoup plus considérables, portez-vous-y avec toute votre armée, enlevez le pont et faites un bon nombre de prisonniers. Immédiatement après, dirigez-vous, suivant les mouvements de l'ennemi, soit sur Augsbourg, soit sur Landsberg, soit sur Memmingen.

(Lettre de Berthier au maréchal Ney.)

Napoléon n'admettait donc pas que Mack pût rester à Ulm ; il pensait qu'il y laisserait une garnison et qu'il effectuerait promptement sa retraite soit sur Augsbourg et l'Isar central, s'il en avait le loisir (ce qui était fort douteux), soit sur le Tyrol, par Landsberg ou Memmingen. Rester à Ulm était une dérogation à toutes les règles.

Hygiène militaire. Avec ce corps de 35 à 40,000 hommes, vous vous dirigeriez sur Munich, à marches forcées, allant jour et nuit.

(Lettre de Berthier au maréchal Bernadotte.)

Les marches de nuit peuvent, quand il en est besoin urgent, suivre une marche de jour; mais il faut entre elles environ cinq heures d'intervalle : la durée de la marche de nuit ne doit pas excéder trois heures; elle s'étendra de sept ou huit heures à dix ou onze.

Il ne faut donc pas exagérer l'application de l'ordre de Napoléon prescrivant de marcher *jour* et *nuit*, et il est indispensable de la soumettre aux principes d'une hygiène bien entendue.

COMBAT D'AICHA
(9 octobre.)

Une troupe envoyée en observation ne doit tenir une position que le temps nécessaire pour bien apprécier les forces qui sont devant elle. La division détachée du corps de Kienmayer et qui occupait Aicha attaquée de front par le 4ᵉ corps, menacée sur son flanc droit par la marche des 1ᵉʳ, 2ᵉ et 3ᵉ corps, agit avec prudence en ne s'obstinant pas à disputer Aicha, et en se contentant de constater la concentration des Français sur ce point, ce qui était sa seule mission, éloignée qu'elle était de plusieurs marches du corps de Kienmayer.

ÉTUDE DES ORDRES DU 10 OCTOBRE

Il reste actuellement à prendre possession d'Ulm, ce qui est important sous tous les points de vue. Cernez dans la journée de demain Ulm. Immédiatement après qu'Ulm sera pris, vous n'attendrez pas de nouveaux ordres pour agir.

(Lettre de Berthier au maréchal Ney.)

Prendre Ulm n'était donc, dans l'esprit de l'Empereur, que l'affaire d'une journée, tant il était loin de penser que Mack pût y rester avec toute son armée. Il ne s'occupa donc que des dispositions à prendre pour couper toutes les voies de retraite à cette armée, en jetant sur son flanc gauche toutes les forces du maréchal Ney. Le prince Murat, appelé à prendre le commandement supérieur des corps de Ney et de Lannes pendant le séjour de l'Empereur sur l'Isar, reçut, avant de quitter Zummershausen, des instructions verbales dans ce sens, instructions auxquelles il s'attacha à la lettre, sans tenir compte de ce que l'Empereur ne pouvait rationnellement supposer, c'est-à-dire la continuation pour ainsi dire permanente du séjour de Mack à Ulm. Le maréchal Ney, placé sur les lieux et mieux à même de voir, affirmait ce fait; l'Empereur n'en rejetait pas l'assertion, mais considérait le séjour de Mack à Ulm comme purement provisoire et devant cesser d'un moment à l'autre par une retraite décidée sur le Tyrol, mouvement qu'il s'agissait de rendre désastreux pour lui. Murat quitta Zummershausen, persuadé qu'il devait en être ainsi, et *malheureusement qu'il ne pouvait en être qu'ainsi.*

L'événement donna raison au maréchal Ney, ce qui montre qu'en stratégie, comme en tout, il faut d'abord faire les hypothèses conformes aux règles mais ne pas s'y attacher d'une façon absolue par le seul fait qu'elles sont justes : la prudence oblige également à tenir compte de la conduite de son adversaire agissant contrairement aux principes.

> Tous les renseignements que l'Empereur reçoit le portent à croire que l'ennemi veut livrer bataille à Ulm ou un peu plus haut. Donnez nouvelle de cela au prince Murat : *d'ailleurs c'est à lui à juger.*
>
> *(Lettre de Berthier au maréchal Lannes.)*

L'Empereur suppose ici nettement que Mack puisse rester à Ulm : cette hypothèse, appuyée sur des renseignements, devait être communiquée par le maréchal Lannes à Murat. Cette communication ne précisait pas où se livrerait cette bataille, c'est-à-dire sur quelle rive du Danube. Or la disposition d'esprit de Murat à n'admettre comme possible que la retraite sur le Tyrol, lui fit conclure que la bataille aurait lieu certainement sur la rive droite. Ney, son chef d'état-major, l'illustre colonel Jomini, prétendaient qu'il ne fallait pas exclure le cas d'une bataille sur la rive gauche, qui, après tout, offrait aussi un moyen de retraite à l'ennemi, soit la route de la Bohême, s'il parvenait à passer sur le corps des Français laissés sur la rive gauche. Aussi, dès l'arrivée de Murat, le maréchal Ney insista-t-il pour que dans la répartition qu'il allait faire des troupes placées sous son commandement supérieur, il laissât deux ou trois divisions sur la rive gauche. Murat refusa, ne maintint à Langenau qu'une seule division (Dupont), laissa à Guntzbourg la division Malher et appela de Langenau à Guntzbourg la division Loison. Un moment même il fut sur le point d'ordonner à la division de dragons à pied de passer sur la rive droite : il ne laissait donc sur la rive gauche que la division Dupont, la division de dragons à pied et la division de dragons à cheval Bourcier, cette dernière éloignée vers Heidenheim, pour protéger la la ligne de communication de l'armée.

Le combat d'Haslach allait démontrer le danger des partis pris absolus.

PREMIER COMBAT D'HASLACH

(11 octobre.)

Le maréchal Ney ayant l'ordre formel de cerner et d'attaquer Ulm par la rive gauche, enjoignit à la division Dupont de se porter de Langenau sur Haslach par Albeck : cette division ne devait pas être isolée mais suivie par la division Baraguey-d'Hilliers, mais l'officier qui porta à ce général l'ordre de se réunir à la division Dupont s'égara, les dragons prévenus trop tard ne purent se mettre en marche qu'à quatre heures du soir.

Ce contre-temps exposa isolément la division Dupont aux coups de l'armée autrichienne et faillit amener la perte de cette division.

L'état-major du maréchal Ney pécha ici contre le principe qui prescrit d'envoyer les ordres importants par *duplicata* : or, l'ordre dont il s'agit était de la plus haute importance. Il eût été d'ailleurs prudent d'attendre la divison Baraguey-d'Hilliers avant de porter en avant la division Dupont. Le maréchal Ney avait raisonné très-juste en trouvant insuffisantes les deux divisions Dupont et Baraguey-d'Hilliers (il était presque impossible de compter sur la division Bourcier) : mais comment pouvait-il commettre la faute de ne pas les réunir au moins avant de marcher à l'ennemi ?

Mack apercevant du haut du Michelsberg une seule division française en marche vers le camp retranché, crut qu'elle n'était que l'avant-garde de forces très-considérables. En attendant il détacha, pour la combattre et défendre les approches de sa position, l'archiduc Ferdinand avec 25,000 hommes. Dupont n'en avait que 6,000 : il jugea sa position avec une pénétration digne des plus grands capitaines. Il résolut, en effet, d'attaquer, pensant avec juste raison que s'il reculait, il allait être anéanti, tandis que s'il offrait le combat, il paierait d'audace, persuaderait aux Autrichiens qu'il n'était que l'avant-garde de masses à proximité et les obligerait ainsi à n'engager contre lui qu'une faible partie de leurs forces.

L'archiduc fit ses dispositions d'attaque : mais, prompt comme l'éclair, Dupont ne lui donne pas le temps de se déployer : il lance contre lui le 9e léger et le 96e : les Autrichiens de la première ligne, surpris dans leur déploiement, engagent un combat décousu à la suite duquel ils sont refoulés sur leur deuxième ligne. Exemple qui montre la faute commise par l'archiduc de n'être pas descendu du Michelsberg en ordre de combat, de manière à n'avoir pas à manœuvrer devant l'ennemi.

L'archiduc répara le vice de ses premières dispositions par une attaque débordante de la gauche de Dupont : l'exécution ne répondit pas à l'opportunité de cette manœuvre. Après avoir enlevé Jungingen au 9e léger et au 17e dragons, la cavalerie autrichienne, au lieu de se rabattre sur notre centre pour le prendre d'écharpe, imagina de courir sur nos derrières et d'obtenir la facile gloire de piller les bagages de la division Dupont. C'était une grande faute qui sacrifia le succès du combat à un accessoire.

COMBAT DE LANDSBERG

(11 octobre.)

Mack avait été amené par la vicieuse disposition de ses forces sur l'Iller et sur l'Inn à des détachements funestes. Séparé par environ quarante lieues de Kienmayer, il avait dû placer à Donauwerth et sur le Lech quelques corps destinés à maintenir ses communications avec son lieutenant. Ce dernier, de son côté, avait poussé sur l'Isar et même sur l'Altmühl ses avant-gardes qui avaient dans ce but franchi le Danube à Ingolstadt. On connaît le sort malheureux de tous ces détachements, l'échec de Donauwerth, celui d'Aicha. Le combat de Landsberg fut un malheur de même nature.

Ces échecs eurent tous pour cause l'éloignement inqualifiable de leurs corps de soutien.

ÉTUDE DES ORDRES DU 12 OCTOBRE

S'il était possible que vos hussards, vos chasseurs et vos dragons arrivassent ce soir à Memmingen, ce corps de cavalerie d'environ 2,800 hommes, auquel vous joindriez deux ou trois pièces d'artillerie légère vous mettrait à même de donner des nouvelles à l'Empereur dans la nuit, ce qui serait pour Sa Majesté de la plus grande importance.   (*Lettre de Berthier au maréchal Soult.*)

Des corps de cavalerie légère, munis de quelques pièces, doivent toujours précéder un corps d'armée de quelques heures, et transmettre par des postes échelonnés les nouvelles qu'ils découvrent.

Les reconnaissances de cavalerie poussées au loin sont les yeux de l'armée.

Je préviens M. le maréchal Davout qu'il peut envoyer à Augsbourg, au général Andréossy, les prisonniers et les déserteurs qu'il reçoit.   (*Lettre de Berthier au maréchal Davout.*)

Il est important que les chefs de corps d'armée soient fixés sur la destination à donner aux prisonniers et aux déserteurs.

Envoyez des espions à Kempten et à Fussen pour savoir ce qui s'y passe.   (*Lettre de Berthier au maréchal Soult.*)

Il est utile de rappeler souvent l'usage de ce moyen complémentaire des reconnaissances. Dans cette circonstance il était très-important d'avoir l'attention très-éveillée sur Kempten et sur Fussen, car il se pouvait que l'archiduc Jean essayât d'en déboucher pour dégager l'armée de Mack et assurer sa retraite sur le Tyrol.

Pour que l'Empereur puisse avoir des nouvelles très-promptement, il faut que vous laissiez un aide de camp ou un autre officier bien monté à Mindelheim, qui portera vos dépêches à un autre officier que vous ferez rester à Schwabmünchen, qui lui-même les portera à Augsbourg.   (*Lettre de Berthier au maréchal Soult.*)

Système de relais d'officiers ou de cavaliers extrêmement utile et expéditif.

Administration en campagne.

Dans toutes les lettres que m'écrit le général Marmont, il me parle de subsistances. Je lui répète que dans la guerre d'expédition et d'invasion que fait l'Empereur, il n'y a pas de magasins ; que c'est aux généraux commandant en chef à se pourvoir des moyens de subsistance dans les pays qu'ils parcourent. Le général Marmont ne peut compter sur aucune espèce de ressources que sur celles qu'il se procurera lui-même. C'est ainsi qu'ont fait tous les corps de la Grande-Armée, et le général Marmont connaît mieux que personne le genre de guerre que fait l'Empereur.

                    (*Lettre de Berthier au général Marmont.*)

Nouvelle consécration du système de réquisitions par corps d'armée.

ORDRES DE MACK

(Nuit du 11 au 12 octobre et journée du 12.)

Stratégie.

Le combat d'Haslach avait amené de grandes discussions au sein de l'état-major autrichien. L'archiduc Ferdinand et

le prince de Schwarzenberg, voyant la retraite de la division
Dupont et le peu de forces que les Français avaient déployé,
prétendirent que la route de Nordlingen était ouverte et qu'il
fallait s'y jeter sur-le-champ avec toute l'armée ; d'autres
officiers conseillaient la retraite sur le Tyrol ; quelques-uns
parlaient de se jeter sur la route de Stuttgard pour couper les
Français de leur base d'opérations.

Mack, esprit indécis, répondait à tout le monde, exhortant
à la patience et annonçant comme très-prochaine l'arrivée
des Russes. C'était toujours son idée fixe ; malheureusement
il ne pouvait l'appuyer sur aucun fait certain. Mais cette fois
ses déclarations ne ramenèrent pas la confiance et, le 12 au
soir, Mack donna raison à tous en faisant reconnaître les
trois routes du Tyrol, de Nordlingen et de Stuttgard, afin de
savoir par laquelle la retraite avait le plus de chances de
réussite.

En conséquence il ordonna au général Jellachich de se
porter avec 10,000 hommes à Memmingen pour y renforcer
les 5,000 du général Spangen et conserver ce point d'appui ;
au général Riesc, de reconnaître avec 20,000 hommes la
route de Nordlingen et de refouler cette fois la division Dupont en prenant à temps ses dispositions de combat ; enfin le
général Werneck, avec 15,000 hommes, avait mission de
voir si la route de Stuttgard n'était pas dégarnie par les
Français.

C'étaient donc 45,000 hommes lancés sur trois routes différentes. Il était évident que Mack, éparpillant ainsi son
monde et restant dans Ulm avec 40,000 hommes, ne songeait
nullement à la retraite, car, en admettant par exemple que
l'une des trois routes fût libre, aurait-il eu le temps, pour en
profiter, de rappeler les deux autres colonnes en reconnaissance ? Il était donc obligé de les attendre, et, d'ici là, la
route signalée comme ouverte pouvait être fermée. L'idée
positive d'une retraite n'avait donc jamais trouvé accès chez
lui. C'était sur les Russes qu'il comptait, et il n'avait pour

but, en prenant ces demi-mesures, que de contenter tout le monde, surtout l'archiduc Ferdinand, dont le langage devenait de jour en jour plus exigeant et dont le caractère s'aigrissait de plus en plus, car il se voyait déjà prisonnier des Français.

GRANDE IMPORTANCE QUE LES ORDRES DE MACK DONNENT A LA POSITION D'ELCHINGEN. — SAGACITÉ DU MARÉCHAL NEY

Stratégie.

La mission donnée au général Riesc exigeait, pour pouvoir être tentée avec sécurité, la possession du pont et des hauteurs du village d'Elchingen. Ce pont et celui de Leipheim étaient les deux seuls situés entre Ulm et Guntzbourg, où était le maréchal Ney. Celui-ci avait tout son corps, moins la division Dupont (toujours à Albeck), à Guntzbourg, un détachement occupait Leipheim et un simple poste tenait le pont d'Elchingen, car la condition indispensable d'assurer la possession de ce pont eût été d'occuper en forces la superbe position d'Elchingen, vaste terrasse qui s'élève en amphithéâtre à deux kilomètres environ du Danube. Mais, on l'a vu, les ordres de Murat avaient été impératifs, Ney n'avait envoyé personne sur la rive gauche, se bornant à occuper fortement Leipheim et Guntzbourg. Dévoré d'anxiété sur le sort probable de la division Dupont, qui venait de perdre 800 hommes dans le combat de la veille, et dont la jonction avec la division Baraguey-d'Hilliers n'avait rien de décisif, le maréchal se demandait ce que pourraient faire ces 12 ou 14,000 hommes contre toute l'armée de Mack débouchant du Michelsberg sur Albeck : le secours ne pouvait, en effet, leur arriver que par Guntzbourg alors que très-probablement leur destruction aurait été consommée.

NAPOLÉON REVIENT SUR L'ILLER
(12 et 13 octobre.)

Stratégie.

Napoléon s'était porté à Augsbourg pour pousser sur l'Inn les 1er, 2e et 3e corps, grossis du corps bavarois, afin d'opposer aux Russes et à Kienmayer, dont il évaluait les forces à 75,000 hommes, une masse de 90,000 hommes. Il apprit bientôt que les Russes étaient encore loin, ce qui retardait d'au moins huit jours leur arrivée sur l'Inn. Cette lenteur lui permettait d'accabler Mack et de disposer pour cela du 2ᵉ corps. Il concentra donc sur l'Iller les 2ᵉ, 4ᵉ, 5ᵉ et 6ᵉ corps, la garde et la cavalerie de réserve, moins la division d'Haut-poul, attachée au maréchal Davout. C'étaient donc 55,000 hom-mes laissés sur l'Inn et 120,000 destinés à détruire l'armée autrichienne d'Ulm.

ÉTUDE DES ORDRES DU 12 OCTOBRE

Il est impossible de mieux prévoir tous les cas et de mieux calculer le temps et les distances que Napoléon ne le fit dans les instructions suivantes :

Stratégie.

Si le maréchal Bernadotte avait besoin de vous, l'Empereur vous autorise à lui prêter tous les secours possibles ; cependant vous vous ferez assurer que dans la journée de demain 13, dans celle d'après-demain 14, et enfin dans la journée du 15, le maréchal Bernadotte ne peut avoir un besoin urgent de tout votre corps : vous placerez une de vos divisions sur la route de Munich à Landsberg, de manière à pouvoir vous porter dans une marche à Landsberg, défendre le passage du Lech et vous donner le temps de rassembler toute votre armée, si l'ennemi parvenait à passer sur le corps du maréchal Soult. La division que vous avez à Prusch à une marche d'Augsbourg continuerait à y rester, afin que si l'ennemi pouvait passer sur le corps du général Marmont ou sur celui de tout autre corps d'armée, vous puissiez vous porter sur Augsbourg, soutenir la division batave qui y est, défendre le passage de la Wurtach, réunir votre corps d'armée et attaquer l'ennemi ; mais une de vos divisions continue-rait toujours à occuper Dachau afin que si vous étiez trompé sur les calculs que vous avez faits, d'après les dispositions ci-dessus, et que le maréchal Davout ait besoin de vous, la division que vous auriez laissée à Dachau, puisse arriver à Munich dans une demi-journée et donner le temps à vos autres divisions d'arriver pour se maintenir dans cette ville : telles sont les différentes suppositions.

Le 14, il y aura une grande bataille sur l'Iller près d'Ulm : l'ennemi sera détruit, car il est cerné de toute part. Cette affaire finie, Sa Majesté reviendra pour passer sur-le-champ l'Inn ; alors le maréchal Bernadotte, et vous M. le maréchal, vous serez les deux grands corps agissant et les autres seront vos auxiliaires. Par tous les renseignements que nous avons, les Russes ne peuvent se trouver en bataille devant Munich avant le 18 ou le 19, et le corps du maréchal Bernadotte réuni au votre présentera un corps d'armée plus fort que celui que l'ennemi pourrait vous opposer à cette époque, et il est très-probable que dans la journée du 17 l'Empereur vous rejoindra avec plus de 40,000 hommes pour vous renforcer.

Si le maréchal Bernadotte et vous, étiez battus par le corps de Kienmayer, vous devez défendre le Lech pour donner le temps à l'Empereur de faire ses dispositions : dans la seconde supposition, si l'une des ailes et l'armée qui marche sur l'Iller étaient battues, vous devez encore marcher sur le Lech pour le défendre de votre côté et donner de même à l'Empereur le temps de faire ses dispositions : mais enfin je dois vous dire que le gros de l'armée qui sera sur l'Iller ne pourrait être battu que dans la journée du 14. Ce ne serait donc que dans les journées du 15 et du 16 que vous pourriez être utile sur le Lech : ainsi, dans le cas où demain le maréchal Bernadotte aurait besoin de vous pour attaquer l'ennemi, vous pouvez marcher avec la plus grande partie de vos forces et les employer pendant les journées du 21 et du 22, et revenir le 23 pour être à même d'exécuter les dispositions dont je vous ai parlé ci-dessus.

Vous sentez qu'il est nécessaire que l'ennemi soit chassé à plus d'une journée de Munich, et qu'il le soit dans les journées du 13 et du 14. Vous aurez après cela le 15 et le 16 du repos, car il est probable que le 17 vous marcherez sur l'Inn.

(Lettre de Berthier au maréchal Davout.)

NAPOLÉON A WEISSENHORN

(13 octobre.)

<table><tr><td>Philosophie
militaire.</td><td>Napoléon avait quitté Augsbourg le 12 à onze heures du soir : il arriva à Burgau le 13 au matin, n'y passa que quelques heures et se dirigea sur Weissenhorn. Le temps était devenu affreux depuis quelques jours ; la neige, qui tombait en abondance, fondait aussitôt et détruisait les chemins</td></tr></table>

qu'elle couvrait de boue. L'Empereur rencontra entre Burgau et Weissenhorn le corps de Marmont, qui venait de Nattenhausen et se rendait à Weissenhorn. Ce corps achevait de passer la Gunttz, qui avait débordé et étendu au loin ses inondations : les soldats étaient obligés de traverser de vrais marais : cette marche pénible ne donnait lieu de leur part qu'à des plaisanteries. « L'Empereur fait la guerre avec nos jambes, » disaient-ils, et quelques refrains joyeux faisaient oublier des fatigues passagères. Napoléon s'arrêta pour haranguer ces braves gens, les fit former en cercle et s'épanchant familièrement avec eux, il leur exposa la situation désespérée de l'ennemi et la manœuvre qui venait de l'envelopper. Les soldats lui répondirent par des cris d'enthousiasme ; les paroles du grand capitaine passaient de bouche en bouche : tous se remirent en marche sûrs de prendre les Autrichiens jusqu'au dernier.

C'est dans les circonstances pénibles, lorsque le soldat souffre, qu'il faut savoir lui parler : quelques mots simples rendent la vigueur physique en sollicitant vivement la vigueur morale.

Ajoutons dans cet ordre d'idées ces quelques lignes empruntées aux mémoires du général de Fézenzac.

Il importe impérieusement que les officiers d'infanterie soient à pied, et s'exposent aux fatigues aussi bien qu'aux dangers. Un jour (octobre 1805) un soldat murmurait (59ᵉ régiment) un capitaine lui dit : « De quoi te plains-tu ? Tu es fatigué, je le suis aussi : tu n'as « pas mangé, ni moi non plus : tu as les jambes dans la neige, re- « garde-moi. » Avec un pareil langage, il n'est rien qu'on ne puisse exiger des soldats, rien qu'on ne soit en droit d'attendre d'eux. (*De Fézenzac.*)

Il faut être sobre d'emprunt de troupes étrangères à moins qu'elles n'aient justifié de leur discipline par de nombreux services de guerre. Un long campement n'est pas une épreuve suffisante : il faut y joindre les fatigues prolongées et va-

riées de la vie militaire, et par dessus tout un profond senti-
ment du devoir.

Citons à l'appui de ce principe cet extrait des mémoires du
duc de Raguse :

J'avais complété ma 2ᵉ division par un régiment hollandais, le 8ᵉ.
Ce régiment, après avoir campé à Zeist pendant dix-huit mois et
reçu les mêmes soins que toutes mes autres troupes, valait ce que
la Hollande avait de meilleur. Il était commandé par un nommé
Pitcavin, excellent officier; voici cependant ce qui lui arriva : dans
la marche pénible effectuée pendant la nuit d'Augsbourg à Ulm, les
troupes eurent beaucoup à souffrir : la rigueur du temps, l'obscurité de la nuit, les mauvais chemins, la longueur de la marche épar-
pillèrent beaucoup de soldats. En arrivant devant Ulm, j'avais à
peine la moitié de mon monde, mais en vingt-quatre heures, tous
les soldats français, à l'exception d'une centaine peut-être, rejoi-
gnirent leurs régiments. Le 8ᵉ batave, fort de plus de 1,000 hommes
en partant d'Augsbourg, avait, en arrivant devant Ulm, 37 hommes à
son drapeau, au bout de huit jours 80. Tous les soldats dispersés
s'établirent dans des fermes en sauvegardes et n'en sortirent pas de
toute la guerre. (*Duc de Raguse.*)

ÉTUDE DES ORDRES DU 13 OCTOBRE

Stratégie.   Sa Majesté a vu avec peine que vous ayez ordonné l'attaque
d'Ulm avec la seule division Dupont : vous n'avez pas eu ordre d'attaquer Ulm et ce n'était pas avec une seule division que vous deviez faire cette tentative.

                    (*Lettre de Berthier au maréchal Ney.*)

L'Empereur ordonne que vous vous empariez du pont d'Elchingen, et que vous portiez votre quartier général à l'abbaye d'Elchingen.   (*Lettre de Berthier au maréchal Ney.*)

L'Empereur vous a ordonné d'occuper le pont et la hauteur d'Elchingen; vous n'avez fait ni l'un ni l'autre.

                    (*Lettre de Berthier au maréchal Ney.*)

On a vu que par suite des ordres qu'il avait reçus (10 octobre) le maréchal Ney avait dû se rapprocher d'Ulm et le
cerner : pour accomplir cette mission il avait vainement de-

mandé à Murat de renforcer la division Dupont : il en résulta le combat d'Haslach, qui, s'il avait été mieux mené par les Autrichiens, aurait amené la ruine de la division Dupont séparée par un accident de la division de dragons à pied : d'ailleurs ces deux divisions eussent-elles été réunies que leur tâche, devant l'armée entière de Mack, eût toujours été des plus compromettantes. Les reproches adressés au maréchal Ney devaient donc être déversés sur Murat.

A Pfaffenhoffen, d'où partaient les ordres que l'on examine, Napoléon ignorait la vive discussion qui avait eu lieu entre Murat et Ney au sujet de la répartition que le premier avait faite des divisions du 6ᵉ corps. Il ignorait surtout que la position d'Elchingen était fortement occupée par les Autrichiens.

L'Empereur ne resta que quelques heures à Pfaffenhoffen : il se rendit à Oberfelgheine où il trouva les maréchaux Murat et Lannes. Il se fit instruire de tout ce qui s'était passé pendant son absence sur le Lech, apprit l'occupation d'Elchingen par des forces considérables, et donna complétement raison au maréchal Ney ainsi qu'au maréchal Lannes qui avait partagé son avis.

Tactique
de l'infanterie.

Il est ordonné à M. le maréchal Lannes de faire occuper par la division Gazan la petite hauteur vis-à-vis de Pfuhl, d'y faire placer un bataillon de grand'gardes avec quatre pièces de canon. Le général Gazan fera les dispositions convenables pour se maintenir de vive force sur cette hauteur, quelles que soient les dispositions que pourrait faire l'ennemi pour l'en chasser. Il ordonnera à l'officier, qui commandera les troupes de cette hauteur, de s'y retrancher.

Vous recommanderez au général Gazan d'occuper la hauteur avant dix heures du matin et plus tôt si cela est possible.

(Lettre de Berthier au maréchal Lannes.)

Que le maréchal Lannes ait enjoint aux troupes du génie dont il disposait d'élever ce retranchement, cela est possible, mais il est permis de supposer aussi que ces troupes n'étaient pas à une proximité immédiate, et que, pressé d'exécuter l'ordre de l'Empereur, le maréchal ait ordonné au bataillon d'infanterie même de construire ce retranchement. Il faut donc : 1° que les régiments d'infanterie aient des outils portatifs ; 2° qu'ils soient habitués en temps de paix à élever les ouvrages simples du champ de bataille; 3° que les officiers puissent remplacer pour le tracé pratique et la surveillance de ces travaux les officiers du génie; 4° qu'en un mot la fortification passagère soit pour tous une école pratique comme l'école de peloton et de bataillon.

ÉTUDE DES ORDRES DU 14 OCTOBRE

Stratégie.

L'intention de l'Empereur est toujours que vous vous empariez des hauteurs d'Albeck (soit d'Elchingen). Si cela vous engage à une grande bataille vous serez fortement soutenu.

> *(Lettre de Berthier au maréchal Ney,*
> *quatre heures du matin.)*

Les ordres d'occuper la position d'Elchingen avaient été donnés de Pfaffenhoffen : ils se basaient sur la conservation par le maréchal Ney du pont d'Elchingen : or ce pont avait été brûlé par le détachement français, qui, pour se garantir de l'ennemi lorsqu'il vint d'Ulm occuper la terrasse d'Elchingen, en avait incendié le tablier. Il convient d'insister sur ce point, à savoir que l'ennemi n'aurait pu occuper cette terrasse d'Elchingen, ni nécessiter la destruction du pont, si, d'après l'avis de Ney, Murat avait voulu autoriser l'envoi à Langenau d'une ou de deux divisions.

Il fallut pour réparer la faute de Murat un combat sanglant auquel l'Empereur se résolut, ainsi qu'il résulte de l'ordre du 14 au matin.

CAPITULATION DE MEMMINGEN

(13 octobre.)

Stratégie.

Le même vice qui avait disséminé jusqu'au Lech des détachements insuffisants, laissa 5,000 hommes dans la mauvaise place de Memmingen, poste très-important, car il était situé sur la ligne de retraite du Tyrol, retraite qui était la seule véritablement conforme aux principes. Mack, en y envoyant le général Jellachich le 12, avec 10,000 hommes, avait enfin reconnu l'urgence de garantir ce point précieux ; mais c'était beaucoup trop tard. En effet, ce général ne put être à portée de Memmingen que lorsque ce poste était tombé ; et il dut par un détour sur Wurzach, se jeter dans le Vorarlberg pour gagner le Tyrol. Cette marche était la seule convenable, car s'il avait tenté de revenir sur Ulm il aurait trouvé la route barrée par des forces considérables : poursuivi d'ailleurs dans cette direction par le maréchal Soult, il n'eût pas tardé à succomber.

Les officiers Autrichiens conservèrent leurs armes, leurs chevaux et leurs équipages : ils retournèrent en Autriche par le Tyrol, sous promesse de ne servir contre la France qu'après échange.

Philosophie militaire.

Ces officiers séparèrent donc leur sort de celui de leurs soldats, exemple qui n'est pas à suivre.

COMBAT D'ELCHINGEN

(11 octobre.)

Il faut, lorsque le champ de bataille présente un pont à passer, que chaque partie de l'armée le traverse en attendant son tour, lequel sera précisé par des ordres bien donnés. Cette prescription ne fut pas suivie au combat d'Elchingen : à peine les voltigeurs du 6ᵉ léger et les grenadiers du 39ᵉ eurent-ils passé le pont du Danube, qui venait d'être réparé, que la cavalerie, impatiente de charger, s'y précipita aussitôt et empêcha ainsi le passage du reste de l'infanterie. Il en résulta que les troupes qui avaient passé furent vivement pressées par l'ennemi et acculées au pont : elles eussent été bientôt jetées dans le Danube sans leur ténacité et l'arrivée de renforts qu'il fut enfin possible de leur envoyer.

Grande tactique.

Le 69ᵉ régiment restant en bataille devant la cavalerie autrichienne dirigea sur elle des feux de bataillon avec beaucoup
de justesse et de sang-froid.

DEUXIÈME COMBAT D'HASLACH

(14 octobre.)

L'occupation de la position d'Elchingen par les Autrichiens
avait rendu possible le départ de la colonne du général Werneck, mais le 14 au matin, ce général, placé à Hinterden-
kenthal avait entendu le bruit du canon du côté d'Elchingen.
Chargé d'une simple reconnaissance, il jugea avec raison que
l'ennemi apparaissant en forces sur ses derrières et pouvant
lui barrer le chemin d'Ulm, il était de son devoir de rétrograder sur le camp retranché. Il suivait, en agissant ainsi, le
principe du rabattement au canon et permettait à Mack de le
diriger de façon à soutenir le général Riesc, si celui-ci était
forcé dans ses positions. C'est dans ce retour à Ulm, conforme
aux règles, qu'il rencontra entre Dornstatt et Jungingen la
division Dupont dirigée d'Albeck sur Haslach : il fut refoulé
sur Hagen et Withau et obligé de se retirer sur Herdenheim.

Le mouvement de la division Dupont d'Albeck sur Haslach
résultant des ordres du 13 et du 14, était des mieux combi-
nés. Il prenait à dos la division Riesc attaquée de front à
Elchingen par le maréchal Ney : nul doute que ce beau mouvement n'ait été une cause puissante de la retraite de Riesc
sur Ulm.

MURAT LANCÉ A LA POURSUITE DE WERNECK

(Nuit du 14 au 15 octobre.)

Le deuxième combat d'Haslach était une révélation : il
prouvait l'urgence de suivre Werneck l'épée dans les reins
et de courir à la défense de notre ligne de communication
qui courait de sérieux dangers. Murat, avec trois divisions de

dragons, les chasseurs de la garde et la division Dupont (14,000 hommes) fut lancé à la piste de Werneck.

VIVE DISCUSSION DANS L'ÉTAT-MAJOR AUTRICHIEN
(14 octobre au soir.)

Le 14 au soir, Mack était dans une position critique : il ne lui restait de son armée que 44,000 hommes dont 4,000 blessés, car il ne devait plus compter sur le retour des corps de Jellachich et de Werneck. Autour de lui, dans son propre état-major, des murmures se faisaient entendre : l'archiduc Ferdinand et le prince de Schwarzenberg en vinrent même à des attaques directes contre le maréchal et le sommèrent de sortir d'Ulm pour éviter la honte d'être faits prisonniers. Mack résista, puis, pour montrer son autorité et obtenir l'obéissance nécessaire au commandement, il produisit les instructions de l'Empereur qui, en cas de désaccord, donnaient pleins pouvoirs au maréchal. On va voir que l'archiduc ne tint pas compte des ordres de Mack et sortit de la place avec une partie importante de l'armée.

DÉPART DE L'ARCHIDUC
(Nuit du 14 au 15.)

La conduite de l'archiduc Ferdinand doit être flétrie au nom de la discipline, dont le premier devoir est l'obéissance. Cette entreprise montre en outre l'immense inconvénient des généraux *ad latus*, dont les fonctions mal définies aboutissent au partage moral de l'autorité.

Dans la nuit du 14 au 15 l'archiduc sortit d'Ulm avec 7,000 cavaliers et 3,000 hommes d'infanterie en dépit des ordres de Mack et d'une manière clandestine. Il prit la route de Blaubeuren pour éviter la rencontre de la division Dupont, traversa les collines de Souabe, atteignit Geisslingen et se rabattit sur Heidenheim à la recherche du corps de Werneck. Mack, sommé par le prince d'opérer ce mouve-

ment avait refusé : il avait raison au double point de vue de
la discipline et de la stratégie. La marche de l'archiduc
courant sur la route de Nordlingen, sans artillerie, sans
blessés et avec une cavalerie dévouée à sa personne, pou-
vait-elle être comparée à celle d'une armée de 44,000 hommes traînant une nombreuse artillerie et embarrassée de
4,000 blessés ? Un corps léger pouvait espérer d'échapper
sans combat par la rapidité de sa marche, mais une armée
ne pouvait y prétendre. Dès que le départ de Mack aurait
été constaté, Napoléon débouchant par Elchingen avec
100,000 hommes, serait tombé sur le flanc droit des 40,000
sortant du camp retranché d'Ulm. C'eût donc été de la part
de Mack s'engager dans des conditions déplorables : le sort de
Werneck, et ce qui est plus décisif encore, celui des troupes
légères de l'archiduc amené par la seule poursuite de la
cavalerie de Murat et du corps de Lannes, montrent combien
un pareil mouvement eût été désastreux pour une armée.

Le duc de Raguse, en examinant la sortie de l'archiduc,
dit qu'elle fut « l'opération la seule raisonnable tentée dans
toute la campagne. »

Ce jugement doit s'entendre de l'opinion émise, le 11 au
soir, par le prince, lorsque, après le combat d'Haslach, il
demanda au maréchal Mack de prescrire le mouvement sur
Nordlingen. C'était certainement le seul parti à prendre si
l'on n'adoptait pas le meilleur de tous, celui de la retraite
sur le Tyrol. Mais à ce moment l'armée autrichienne était
réunie et comptait 70,000 hommes, masse capable de se faire
respecter.

Le général Mathieu Dumas, dans son *Précis des événements
militaires de la campagne*, représente la sortie de l'archiduc
comme consentie et combinée avec Mack. Le récit de
M. Thiers, l'étude des documents du conseil de guerre qui
fut appelé à juger le maréchal, établissent le contraire.
Mack avait toujours voulu rester à Ulm avec toute son armée ; il n'avait fait qu'à contre-cœur les détachements de

Werneck et de Jellachich; il croyait les Russes très-près de lui et à portée de le délivrer; il ne pouvait donc consentir à l'entreprise du prince Ferdinand, qui renversait son hypothèse fondamentale.

ORDRE DU 14 OCTOBRE

Je vous préviens que toute l'armée ennemie est dans Ulm. Il est indispensable que vous veniez pour fermer la gauche de l'Empereur et intercepter à l'ennemi la route de Biberach.
(Lettre de Berthier au maréchal Soult.)

Stratégie.

La retraite sur le Tyrol, par Memmingen, était coupée; celle par Nordlingen et la Bohême conduisait à un désastre prochain; il ne restait donc à Mack que la direction excentrique de Biberach pour gagner le Vorarlberg et le Tyrol. Le mouvement ordonné au maréchal Soult prévoyait ce cas extrême.

ÉTUDE DES ORDRES DU 15 OCTOBRE

Il serait possible que quelques partis ennemis échappés cherchassent à se sauver par Heidenheim, Elwangen ou Nordlingen, lesquels, en passant, inquiéteraient nos derrières. Le plus important de tout cela, c'est notre grand parc. L'Empereur vous ordonne donc de partir avec une partie des forces que vous avez à Rain et de vous rendre avec elles à Donauwerth, pour servir au grand parc, et de faire tout filer sur la rive droite du Danube. Ayez soin de me tenir instruit si un parti ou une colonne ennemie se serait échappée par Heidenhem. Dans ce cas, vous feriez aussi passer sur la rive droite du Danube les dragons que nous avons laissés à Nordlingen et à Harbourg; mais tout cela n'est que de pure précaution, et il n'est pas probable que l'ennemi se soit enfoncé dans cette direction.
(Lettre de Berthier au général Rivaud.)

Stratégie.

Les combats d'Haslach, et surtout le dernier, qui avait rejeté le corps de Werneck vers Heidenheim, rendaient ces précautions indispensables.

Il convient d'ajouter que la ligne de communication d'une armée doit toujours être garantie des partis ennemis, et que celle de l'armée française ne l'était pas assez; aussi beaucoup de traînards et une partie du trésor de l'armée avaient-ils été enlevés par les Autrichiens. L'emploi plus judicieux des contingents badois et wurtembergeois aurait pu éviter cet accdent.

PRISE DU CAMP RETRANCHÉ D'ULM

(15 octobre.)

Grande tactique.   Il faut toujours être en mesure de soutenir les troupes qu'on a chargées d'une attaque, soit pour rendre leur succès plus prompt, soit pour le compléter, soit enfin pour conjurer la fortune.

Le maréchal Lannes avait ordonné à la division Suchet d'assaillir le Frauenberg; ce général y conduisit la brigade Claparède, qui en enleva tous les obstacles en très-peu de temps. Nos soldats poursuivirent l'ennemi jusqu'au pied des pentes qui descendent vers Ulm. Claparède, avec le 1er bataillon du 17e léger, traversa, sous un feu très-vif, un large ruisseau, poussa l'ennemi et s'établit dans quelques maisons aux abords de la place. Le colonel Védel conduisait en ce moment le 2e bataillon du 17e léger au soutien du 1er; entendant battre la charge à sa droite par les troupes du maréchal Ney, qui attaquaient les retranchements du Michelsberg et croyant qu'on livre un assaut général aux remparts d'Ulm, emporté par son audace, il s'élança avec le bataillon qu'il conduisait, pénétra dans le retranchement qui couvrait la porte de Stuttgart, y fit 500 prisonniers et arriva sous la porte. De son côté Claparède, partageant l'heureuse erreur de Védel, pénètre, malgré la mitraille, jusqu'à la porte du Danube; mais ces deux bataillons ne furent pas soutenus; les Autrichiens se ravisèrent, dirigèrent contre eux une double sortie et les accablèrent : 150 hommes furent mis hors de combat, 180 prisonniers, et parmi ceux-ci, le vaillant colonel Védel.

PROCLAMATION DE MACK

L'attente des Russes était l'idée dominante de Mack, on l'a dit souvent ; la preuve écrite de cette assertion existe dans la proclamation qu'il adressa, le 15 au soir, à son armée, après la perte du camp retranché.

Au nom de Sa Majesté, je rends responsables, sur leur honneur et leur propre bonheur, tous les généraux, officiers supérieurs et autres qui prononceraient le mot reddition et qui penseraient à autre chose qu'à la défense la plus opiniâtre, défense qui ne pourra durer longtemps, vu que dans très-peu de jours l'avant-garde de deux grandes armées, savoir : d'une armée impériale et royale et celle d'une armée russe paraîtront devant Ulm pour nous délivrer.

Cet ordre du jour n'a pas l'énergie de style que comportaient les circonstances ; la phrase n'est pas vigoureuse ni opiniâtre comme la défense qu'elle annonce. On remarquera en outre le passage suivant, qui frise la naïveté : « Rien n'est plus facile que de tuer les assaillants ou de les faire prisonniers. »

Masséna ne parlait pas ainsi à Gênes, ni Kléber la veille d'Héliopolis.

COMBAT DE NERENSTETTEN
(16 octobre.)

Werneck prit une position habile, barrant le passage d'un défilé. Ces genres d'obstacles sont précieux pour les corps en retraite et doivent être défendus à outrance par de fortes arrière-gardes, pour donner le temps au gros, et surtout aux *impedimenta*, de prendre de l'avance.

MISSION DU CHEF D'ESCADRON DE SÉGUR A ULM
(16 octobre.)

Que je sois le plus grand ......, s'écrie le général Mack tout en colère, si je ne sais pas, par des rapports certains, que les Russes sont à Dachau.   (*Rapport de M. de Ségur.*)

Toujours les Russes à proximité; c'était pour ainsi dire une monomanie.

La nuit était noire : un ouragan terrible venait de s'élever, il pleuvait à flots. J'ai été presque jusqu'aux portes de la ville sans trouver nos avant-postes, il n'y en avait plus : factionnaires, vedettes, grand'gardes, tout s'était mis à couvert.

(*Rapport de M. de Ségur.*)

Aucune considération ne peut légitimer une pareille négligence; un ennemi entreprenant eût profité de cet orage pour tenter une surprise, qui eût certainement réussi et fait beaucoup de mal.

Je fis causer mon guide : mon but était de savoir quelles troupes renfermait la ville. J'en conclus que nous tenions dans Ulm tout le reste de l'armée autrichienne.　　　(*Rapport de M. de Ségur.*)

Le mutisme le plus absolu doit être recommandé aux militaires de tout grade conduisant un parlementaire.

CAPITULATION D'ULM
(Conclue le 17 octobre.)

Les officiers autrichiens acceptèrent encore ici de séparer leur sort de celui de leurs soldats.

La capitulation rédigée par Berthier disait, article 4 :

Les malades et les blessés autrichiens seront soignés comme les malades et les blessés français.

Clause généreuse digne des peuples civilisés et à laquelle Mack répondit par ces mots honorables pour notre pays :

Nous connaissons la loyauté et l'humanité françaises.

COMBAT DE NERESHEIM
(17 octobre.)

L'infanterie autrichienne, voyant Murat sans infanterie, se jeta dans les bois impénétrables qui la garantirent. Cet exemple est à suivre.

ÉTUDE DES ORDRES DU 17 OCTOBRE

Il est ordonné au général Bourcier, qui est avec le corps du maréchal Lannes, de partir sur-le-champ avec une brigade de sa division pour se rendre à Geisslingen. Son objet est de couvrir nos communications avec Stuttgard.

(Lettre de Berthier au général Bourcier.)

Nouvelle mais tardive précaution : cette brigade était, d'ailleurs, insuffisante; il eût fallu, on le répète, utiliser les contingents badois et wurtembergeois.

ÉTUDE DES ORDRES DU 18 OCTOBRE

Première partie.

M. le prince Murat a laissé à la suite de l'archiduc Ferdinand le 1er de hussards, ainsi que la cavalerie du général Fauconnet, et il s'est porté de sa personne, avec le reste de ses troupes, sur Nordlingen, à l'effet de se réunir à toutes celles de Donauwerth, auxquelles il a donné l'ordre de se porter sur Nordlingen et, par une marche de flanc, cotoyer l'ennemi, le déborder et tâcher de l'arrêter dans sa course et entamer son infanterie. J'envoie directement l'ordre au général Oudinot, pour plus de promptitude, de partir sur-le-champ pour se rendre à Heidenheim. J'envoie de même l'ordre au général Nansouty de se diriger sur ce point pour vous y attendre. J'ai fait sentir à ces généraux l'importance de la rapidité de leur marche, puisqu'il s'agit de prendre le prince Ferdinand, de prendre plus de 1,000 voitures engagées dans les mauvais chemins d'Elwangen, artillerie, etc., le tout ralenti par la poursuite du maréchal Murat, qui déborde la droite de l'ennemi et manœuvre pour l'arrêter en tête.

(Lettre de Berthier au maréchal Lannes.)

Vive poursuite en queue, attaque sur les flancs et efforts pour arrêter la tête, tel est l'art des poursuites. Il faut toutefois que ces attaques décousues soient faites avec des forces partout suffisantes pour ne pas s'exposer à un échec d'autant plus grave que l'ennemi tentera de détruire le corps qu'il viendra de repousser et pourra le faire avec facilité, vu son isolement. La partie qui essaye de barrer le passage doit surtout être nombreuse et vigoureusement menée.

Ces conditions furent complétement satisfaites par les dispositions de Napoléon. Évaluant à 20,000 hommes les forces de Werneck et de l'archiduc, il lança à leur suite, par Heidenheim, les divisions Dupont, Oudinot, Nansouty et la brigade Fauconnet (18,000 hommes environ); sur leur flanc droit, par Donauwerth, la division Rivaud et une brigade de la division Baraguey-d'Hilliers (13,000 hommes environ); enfin Murat galopait avec trois divisions de dragons, une de cavalerie légère et une partie des chasseurs de la garde (8,000 chevaux) vers Neresheim et Nordlingen pour arrêter la tête.

L'ARCHIDUC REJOINT LE CORPS DE WERNECK, PUIS LE QUITTE

(18 octobre.)

Philosophie militaire.

La nuit qui suivit le combat de Neresheim l'archiduc rejoignit le corps de Werneck, mais il le quitta le lendemain 18 pour continuer sa retraite avec le corps qu'il avait fait sortir d'Ulm.

Cette conduite n'est pas à imiter : en agissant ainsi, l'archiduc isolait et sacrifiait le corps de Werneck et montrait la pensée d'empêcher un prince de la famille impériale de tomber entre les mains de l'ennemi. Les princes généraux doivent rester à leur place, leur personnalité n'est jamais une excuse qui les mette en dehors des conditions de l'armée.

COMBAT ET CAPITULATION DE TROCHTELFINGEN

(18 octobre.)

Grande tactique.

Murat attaqua le corps de Werneck à la fois en queue et sur les flancs : l'infanterie autrichienne, harassée, ne put opposer aucune résistance sérieuse.

Les officiers autrichiens se soustraignirent encore en cette occasion au sort réservé à leurs soldats : conduite blâmable.

ÉTUDE DES ORDRES DU 18 OCTOBRE
Deuxième partie.

L'Empereur ordonne, monsieur le maréchal, que vous envoyiez un régiment de votre cavalerie à Blaubeuren, d'où il poussera des partis jusqu'au Necker; envoyez avec ce régiment un de vos aides de camp, afin que l'Empereur puisse savoir dans la nuit tout ce qui a passé à Blaubeuren et les nouvelles qu'on a de l'ennemi de ce côté. *(Lettre de Berthier au maréchal Ney.)*

Préoccupation tardive de la sécurité de la ligne de communication de l'armée.

CAPITULATION DE BOPFINGEN
(18 octobre.)

Le parc du corps de Werneck arrivait à Bopfingen pendant que le gros du corps était à Trochtelfingen, ils étaient donc à hauteur l'un de l'autre. C'était un vice, il fallait faire filer ce parc devant soi et avec plus de rapidité. La première règle à suivre dans les retraites, c'est de faire partir ses parcs dès la veille ou de très-grand matin.

Dans cette nouvelle capitulation, les officiers autrichiens donnèrent encore le funeste exemple de détacher leur sort de celui du soldat.

RETRAITE DE L'ARCHIDUC — COMBAT DE NUREMBERG
(20 octobre.)

L'archiduc appréciant la difficulté de sauver tout son corps, surtout son infanterie, résolut de se diviser : l'infanterie et une partie de la cavalerie essayèrent de gagner la Bohême par Nuremberg; quant à lui, avec 3,000 chevaux, il fit un brusque crochet à gauche sur Donauwerth, où il comptait rencontrer les avant-gardes de Kienmayer. Cette combinaison était bonne : rester en une seule colonne et marcher sur Donauwerth, c'était indiquer la manœuvre; il fallait, au contraire, attirer Murat au loin sur la Rednitz avec un rideau et se dérober sur Donauwerth, où l'on se rallierait à Kienmayer, que le prince croyait sur le Lech.

Murat se laissa entraîner sur Nuremberg, où il captura le détachement qui cherchait à gagner le haut Nab; l'archiduc put atteindre Donauwerth. N'y rencontrant pas les avant-postes de Kienmayer et apprenant, au contraire, l'occupation de cette ville par les Français, il marcha sur l'Altmühl par Nassenfels, passa cette rivière à Riedenbourg et gagna tranquillement Ratisbonne et la Bohême.

Le mouvement du prince sur Donauwerth était-il une conception rationnelle? L'archiduc savait que les Français y avaient passé le Danube avec des masses; il ignorait complétement la présence sur l'Iun de deux de leurs corps faisant face à Kienmayer : il croyait toute l'armée de Napoléon devant Ulm. Il avait donc quelque raison de penser que Kienmayer, trop faible pour délivrer Mack à lui seul, devait avoir ses corps avancés sur le Lech en attendant les Russes. Son espoir fut déçu, mais sa retraite devint possible et peu dangereuse, car il trouva la rive gauche du Danube dégarnie de Français : il n'eut en effet que quelques escarmouches avec des partis sortis d'Ingolstadt.

Napoléon tenait à la capture du prince : il avait prévu sa retraite divergente et donné l'ordre au général Rivaud de se porter sur Ingolstadt, d'en déboucher pour arrêter l'archiduc et le rejeter sur Murat. Cet ordre parvint trop tard : nouvel exemple du prix du temps à la guerre. L'Empereur, instruit le 19 de la capitulation de Bopfingen, envoya l'ordre le même jour : il ne parvint au général Rivaud à Donauwerth que dans la nuit du 19 au 20 : le général Rivaud se mit en marche aussitôt, arriva à Ingolstadt le 20 au soir après une marche de 10 lieues : il ne fut en mesure d'en déboucher que

le 21 : or à cette date l'archiduc était à Reidembourg, c'est-
à-dire hors d'atteinte.

Il faut néanmoins admirer la sagacité de l'Empereur, qui
avait pressenti la conduite de l'archiduc, et conclure qu'on
ne peut pas toujours réaliser tous les résultats à la fois. S'il
est permis de critiquer la manière dont la ligne de communication de l'armée française était sauvegardée, on ne peut
reprocher à l'Empereur de n'avoir pas occupé en forces Donauwerth, Ingolstadt et surtout Eichstett, points qui n'avaient
plus d'importance après l'arrivée de l'armée devant Ulm :
il eût fallu deviner les événements pour le faire.

CAPITULATION D'ULM
ÉTUDE DES ORDRES DU 19 OCTOBRE

Vous serez, monsieur le maréchal, devant votre corps d'armée, le
général Marmont devant le sien et l'Empereur au centre avec sa garde.
Votre cavalerie, celle du général Walther seront en bataille faisant
face à la ligne d'infanterie observant de laisser entre les deux lignes
un intervalle suffisant pour que les Autrichiens défilent aisément
sur le front d'une division : vous conviendrez avec M. le général
Mack de la porte par laquelle la garnison sortira, et celle par
laquelle, après avoir déposé les armes, elle rentrera dans la ville,
devant coucher à Ulm. Les dragons à pied seront placés dans
l'endroit où la cavalerie, après avoir défilé, devra mettre pied à
terre et remettre les chevaux et les armes.

La garnison d'Ulm ayant ses généraux et ses officiers en tête
défilera, tambour battant, avec tous les honneurs de la guerre :
après avoir passé devant l'Empereur, les régiments déposeront leurs
armes en faisceaux dans les lieux convenus, ainsi que leur giberne ;
l'artillerie, avec ses chevaux, etc,. après avoir défilé, parquera également dans les lieux convenus.

Le général Walther sera chargé de faire remettre les chevaux
aux dragons à pied.

Deux adjudants-commandants et le général Dutaillis seront chargés de faire déposer les fusils, et le général Songis sera chargé de
faire ramasser et charger des voitures pour les conduire en ville,
et être déposés dans une maison d'Ulm qu'il fera reconnaître à cet
effet. Le général Songis aura soin de mettre cinq ou six canonniers

à chacune de ces voitures. Il y aura les canonniers et les hommes du train nécessaires pour s'emparer des pièces d'artillerie et des caissons que l'ennemi remettra.

Le général Andréossy, avec des officiers d'état-major, recevra les drapeaux à mesure que les troupes auront défilé devant l'Empereur et fera les dispositions nécessaires pour les faire porter au grand quartier général impérial : il disposera deux voitures à cet effet et désignera deux officiers pour les accompagner : il y joindra une escorte.　　　　　　*(Lettre de Berthier au maréchal Ney.)*

Ces dispositions peuvent servir de type dans des circonstances analogues.

Philosophie militaire.

L'intention de l'Empereur est que demain, à deux heures aprèsmidi, vos trois divisions, y compris celle du général Gazan remplaçant celle Dupont, la garde impériale et enfin les deux divisions du général Marmont soient en bataille dans l'ordre ci-dessus, en parade et en grande tenue, avec leur artillerie, les armes et les canons chargés sur l'emplacement que vous jugerez le plus convenable pour voir défiler la garnison d'Ulm.

(Lettre de Berthier au maréchal Ney.)

Prescriptions alliant la prudence aux égards dus au malheur.

ORDRE DU JOUR DU 20 OCTOBRE

Littérature militaire.

L'Empereur témoigne sa satisfaction au corps d'armée du prince Murat, à celui de MM. les maréchaux Ney, Lannes et Soult, ainsi qu'à celui du général Marmont et à la garde impériale, pour les marches qu'ils ont faites, pour la patience avec laquelle ils ont supporté les fatigues et les privations de toute espèce.

Au combat d'Elchingen, le 76e, le 69e de ligne et le 18e de dragons se sont successivement distingués. Au combat d'Albeck, le 9e d'infanterie légère, le 32e et le 96e se sont couverts de gloire.

L'Empereur fait connaître qu'il est content de son armée.

Style élevé, simple et qu'il faut chercher à imiter.

DÉFILÉ DE L'ARMÉE AUTRICHIENNE D'ULM

Philosophie militaire.

Le duc de Raguse, témoin oculaire, dit dans ses mémoires :

Le désespoir était peint sur la figure de quelques officiers supérieurs et subalternes, mais c'est avec une sorte d'indignation qu'on remarqua un des principaux généraux, le général Giulay, dont l'air était satisfait et dont la préoccupation semblait n'avoir d'autre objet que d'assurer une marche régulière et la correction dans les alignements. Au fond, le désespoir des vaincus n'était ressenti que par peu de gens. Au milieu de la cérémonie, je me rendis au lieu où les soldats mettaient leurs armes en faisceaux, je dois le dire, ils montraient une joie indécente en se débarrassant de leur attirail de guerre. (*Mémoires de Marmont.*)

Ces lignes sont tristes pour le cœur humain. Il convient d'ajouter cependant qu'on ne doit accorder qu'une foi limitée au récit du duc de Raguse, sorte de Saint-Simon militaire quelquefois injuste et partial.

PROCLAMATION DE L'EMPEREUR

(20 octobre.)

Il n'y a point là de généraux contre lesquels je puisse avoir de la gloire à acquérir; tout mon soin sera d'obtenir la victoire avec le moins possible d'effusion de votre sang, mes soldats sont mes enfants.

Langage touchant : nul doute que la lecture de cette proclamation n'ait fait briller d'enthousiasme et d'intrépidité le visage de ces enfants.

PAROLE D'UN SOLDAT DU 59ᵉ RÉGIMENT

Avant de passer à l'étude de la 2ᵉ partie de la campagne, empruntons les lignes suivantes aux mémoires du général de Fezensac :

A l'époque de nos plus grandes misères de la campagne (octobre) une colonne de prisonniers traversa nos rangs (59ᵉ régiment). L'un d'eux portait un pain de munition; un soldat du régiment le prit de force; un autre lui en fit des reproches, et il s'établit une discussion entre eux pour savoir s'il était loyal d'ôter des vivres à un prisonnier; le premier alléguait le droit de la guerre, nos propres

misères, le besoin de nous conserver, l'autre le droit de possession
et d'humanité. La discussion fut longue et très-vive; le premier
impatienté dit à l'autre : « Ce qui arrivera de là, c'est que je ne t'en
donnerai pas. » — « Je ne t'en demande pas, répondit celui-ci, je ne
mange pas de ce pain là! » (*De Fezensac.*)

Parole d'une âme élevée et généreuse, digne d'être portée
à la connaissance des soldats et capable de déterminer une
foule de traits de cette nature.

DEUXIÈME PARTIE

Les coalisés pouvaient adopter les plans suivants :

1er *Plan*

L'archiduc Charles et son frère l'archiduc Jean devaient chercher à se réunir et à arriver sur la Salza avant les Français pour y rallier Kienmayer et les Russes qui étaient enfin arrivés. Cette concentration amènerait la formation sur cette ligne de défense d'une armée de 140,000 hommes, savoir : archiduc Charles, 50,000 (25,000 devant être laissés dans Venise); archiduc Jean, 25,000; Kienmayer, 20,000; Russes, 45,000.

L'archiduc Jean, après avoir recueilli les troupes éparses dans le Vorarlberg et celles qu'il avait dans le Tyrol, n'avait qu'à se porter d'Insprück sur Salzbourg; l'archiduc Charles rétrogradant sur Villach, en contenant Masséna et en l'obligeant à un fort détachement de 30,000 hommes pour bloquer Venise, pouvait tourner à droite sur Gmund, gagner les sources de la Muhr, marcher par Rastadt et atteindre Salzbourg.

Ce plan, facilement exécutable pour l'archiduc Jean, était hérissé de difficultés quant à l'archiduc Charles, à cause de

la longueur du trajet des rives de l'Adige à Villach et de ce
point à Salzbourg (cent lieues environ, soit quinze jours de
marche). En outre, la nouvelle des événements d'Ulm ne
pouvait parvenir sur l'Adige à l'archiduc Charles que vers
le 26 : il ne pouvait donc être à Salzbourg que vers le 10 ou
le 12 novembre ; or il était bien difficile d'admettre qu'à cette
époque la ligne de la Salza n'eût été forcée par Napoléon,
dont deux corps étaient sur l'Isar depuis le 15 octobre. En
outre, il fallait que l'archiduc échappât complétement à Masséna, ce qui n'était pas admissible non plus, car celui-ci, auquel l'arrivée de Gouvion-Saint-Cyr était annoncée pour le
15 novembre, pouvait activer la marche du corps de Calabre
de manière à ce qu'il soit vers le 8 devant Venise, pour en
former le blocus conjointement avec 10,000 hommes laissés
par Masséna et les troupes tirées des places. Un général, de
l'activité et de l'audace de Masséna, devait donc suivre l'archiduc avec 40,000 hommes et ne pas le perdre de vue.

Ce premier plan n'avait donc de véritablement réalisable
que la concentration, pour le 25 octobre, de 90,000 hommes
en arrière de la Salza et du bas Inn.

2ᵉ *Plan*

Un second plan consistait à défendre le mieux que l'on
pourrait, avec l'armée russe de Kutusoff et le corps de Kienmayer (65,000 hommes), les cours d'eau et les positions qui
couvraient Vienne, et de reculer lentement vers cette capitale pour donner le temps à l'armée russe de la Vistule d'entrer en ligne (68,000 hommes). Pendant que Kutusoff et
Kienmayer disputeraient ainsi vivement le terrain, l'archiduc
Jean, rejoint à Inspruck par l'archiduc Charles, pouvait se
jeter sur les derrières des Français en faisant irruption dans
toute la zone située entre le Lech et l'Inn. Les deux princes,
disposant de 75,000 hommes, étaient ainsi en mesure de couper Napoléon de sa nouvelle base d'opérations, c'est-à-dire
du Lech.

L'archiduc Charles pouvait atteindre Inspruck d'une manière presque certaine, car il n'était obligé pour cela que de reculer de l'Adige jusqu'à Bellune ; là, tournant sur Cadore et Brunecken, il gagnait Inspruck par Sterzing. Ce trajet n'était que de quatre-vingt lieues, c'est-à-dire de dix jours de marche ; Masséna ne pouvait suivre le prince que faiblement, car il était obligé de laisser 30,000 hommes pour bloquer Venise ; le corps de Calabre ne pouvait arriver au plus tôt que le 8 devant cette place, circonstance qui le réduisait à 25,000 hommes. D'ailleurs l'archiduc serait recueilli au passage des montagnes par son frère, maître du Tyrol et de tous les défilés des Alpes Rhétiques, soigneusement fortifiées.

Ce plan était donc exécutable dans toutes ses parties, et en supposant même que l'archiduc Charles ne prît pas la détermination de se rabattre sur Inspruck, l'archiduc Jean, resté dans le Tyrol avec 25,000 hommes, pouvait en descendre lorsqu'il saurait les Français au delà de l'Inn et bouleverser leur ligne de communication en détruisant leurs dépôts de toutes sortes.

3e Plan

Avec la même hypothèse attribuant à Kutusoff et à Kienmayer la défense de toutes les positions couvrant Vienne, défense pied à pied destinée à permettre à la deuxième armée russe d'entrer en ligne, il y avait encore à faire celle de l'archiduc Jean abandonnant le Tyrol et se joignant à son frère à Villach. Cette jonction opérée, les deux princes reculaient avec 75,000 hommes par Klagenfurth, Friesach et Judenbourg sur Léoben, pour joindre la gauche de Kutusoff et de Kienmayer, ce qui amènerait une concentration de 140,000 hommes.

Ce plan n'avait aucune chance contre lui, si l'on savait abandonner franchement le Tyrol, et en admettant même que l'archiduc Jean voulût s'y maintenir, le prince Charles, débouchant seul avec ses 50,000 hommes à Léoben, rendait encore possible la concentration de 115,000 hommes derrière l'Ems ou sur la position du Kahlenberg.

On sent toutefois encore que les archiducs devaient être vivement suivis par Masséna à la tête de 40,000 hommes. Mais ici les Austro-russes occupant en force les débouchés des Alpes Styriennes (de Léoben à Altenmarckt ; de Bruck à Maria-Zell ; de Bruck à Neustadt) recueillaient les princes et obligeaient Masséna à s'arrêter.

4° *Plan*

Il existait un quatrième plan qui n'était que la combinaison de chacun des trois premiers avec l'irruption d'une nouvelle armée autrichienne débouchant de la Bohême, franchissant le Danube et tombant sur le flanc gauche des Français. L'attitude de plus en plus hostile de la Prusse donnait à cette attaque une chance considérable de réussite et rendait ce plan très-sérieux.

DISPOSITIONS DE NAPOLÉON RÉPONDANT AUX PLANS QUI S'OFFRAIENT AUX COALISÉS

Stratégie. Napoléon, placé devant ces quatre hypothèses, jugea promptement ce qu'elles avaient de réalisable, en faisant la part de l'imprévu, qui joue un si grand rôle à la guerre.

Il admit la possibilité pour l'archiduc de marcher sur Salzbourg, ainsi qu'il ressort d'une dépêche du 20 octobre au maréchal Soult :

Le prince Charles, avec la moitié de son armée, est en marches forcées pour tâcher d'arriver avant nous à Salzbourg.

(Lettre de Berthier au maréchal Soult.)

Aussi résolut-il la prompte occupation du pays de Salzbourg :

Il est ordonné à M. le maréchal Bernadotte de partir demain à la pointe du jour, avec son corps d'armée et tous les Bavarois, pour se diriger sur Wasserbourg, où, s'il est possible, son avant-garde arrivera demain, si l'ennemi n'est pas en force. L'intention de l'Empereur est que, s'il peut passer l'Inn à Wasserbourg, il fasse la conquête de l'électorat de Salzbourg.

(Lettre de Berthier au maréchal Bernadotte. — 25 octobre.)

Ce mouvement de Bernadotte devait être appuyé par le 2º corps :

Il est ordonné à M. le général Marmont de partir aujourd'hui, 27 octobre, de Munich, avec son corps d'armée, pour se rendre et prendre position entre Munich et Oberndorff : son avant-garde suivant l'arrière-garde de M. le maréchal Bernadotte, qui marche sur Wasserbourg.

(Lettre de Berthier au général Marmont. — 27 octobre.)

Les quelques pertes qu'avait faites l'armée française par la seule irruption des corps isolés de Werneck et de l'archiduc Ferdinand sur les communications avec Stuttgard étaient un salutaire avertissement contre le véritable désastre que causerait l'apparition, entre le Lech et l'Isar, des deux archiducs débouchant du Tyrol. L'Empereur prévit ce cas en ordonnant la conquête immédiate du Tyrol et en portant le 7º corps à Kempten.

L'intention de l'Empereur est que vous partiez de Lansberg avec le corps d'armée à vos ordres, pour vous diriger sur Inspruck.

(Lettre de Berthier au maréchal. — Ney 29 octobre.)

L'Empereur, monsieur le maréchal, ordonne que vous vous mettiez en marche avec votre corps d'armée pour vous rendre à Kempten.

(Lettre de Berthier au maréchal Augerau. — 23 octobre.)

La retraite des archiducs sur Léoben fut également prévue.

Il est ordonné à M. le général Marmont de partir, avec tout le corps d'armée à ses ordres, de la position qu'il occupe, pour se porter à grandes marches sur Léoben, prendre et culbuter tout ce qu'il y aura devant lui. Il aura soin de se faire précéder par une avant-garde qui poussera des reconnaissances en avant de lui.

(Lettre de Berthier au général Marmont. — 7 novembre.)

L'Empereur para au danger d'une irruption d'une armée débouchant de Bohême par la formation d'un 8° corps sous les ordres du maréchal Mortier destiné à descendre le fleuve par la rive gauche, en se tenant en communication constante avec l'armée qui descendrait la rive droite.

L'Empereur, monsieur le maréchal, ordonne que vous preniez demain matin le commandement des divisions Gazan, Dupont et Dumonceau. Vous êtes destiné à agir avec ce corps sur la rive gauche le long du Danube. Vous aurez soin de faire suivre avec vous un certain nombre de petits bateaux pour pouvoir correspondre avec la rive droite et y faire passer les renseignements que vous pourrez avoir de l'ennemi.

(Lettre de Berthier au maréchal Mortier. — 6 novembre.)

ÉTUDE DES ORDRES DU 23 OCTOBRE

Logistique.

Je vous préviens, monsieur l'intendant général, que je donne des ordres pour faire armer la place d'Augsbourg : que l'intention de l'Empereur est que cette place soit toujours fortement défendue, parce qu'elle est destinée à être le centre des grandes administrations et leur séjour. L'intention de Sa Majesté est qu'il y ait à Augsbourg le plus d'hôpitaux possible, distinguant ceux des blessés de ceux des malades. Vous ferez établir à Ulm deux hôpitaux, un de blessés et un de malades. Vous en ferez établir dans les lieux ci-après : un à Guntzbourg, un à Ingolstadt, un à Donauwerth. Il n'y aura point d'hôpitaux ni à Neubourg, ni à Landsberg, ni à Memmingen.

Je vous répète, monsieur l'intendant général, que la seule route de l'armée est celle que j'ai organisée par Spire, Heilbronn, Elwangen, Nordlingen et Donauwerth. De Donauwerth il y aura deux routes qu'il faut établir, comme la précédente, de Donauwerth à Munich, par Augsbourg ; la seconde, de Donauwerth à Landshut par Neubourg et Ingolstadt.

Tous les malades et les blessés que l'armée pourra avoir sur l'Inn seront, pour dernière évacuation, arrêtés tous à Augsbourg ; ils ne pourront être évacués plus loin sans l'autorisation de l'Empereur, d'après les ordres que j'en donnerai.

Indépendamment de la route de l'armée où j'ai établi des commandants d'armes, je donne l'ordre pour en établir à Rain, à Landsberg, à Aicha, à Dachau, à Landshut, à Fressingen, à Neustadt, à Neubourg, à Ulm, à Gunzbourg et à Burgau.

(*Lettre de Berthier à l'intendant général Petiet.*)

Ces instructions contiennent les principes suivants :

1° Nécessité d'avoir sur les derrières de l'armée et à une distance d'environ vingt-cinq lieues, une place fermée et défendue, qui soit le point central de toutes les administrations de l'armée ;

2° Ne pas mettre dans le même hôpital les blessés et les malades ;

3° Ne pas placer les hôpitaux à portée des pointes possibles de l'ennemi. Une irruption de ce dernier sur Memmingen et Landsberg était, on l'a vu, dans les choses à prévoir ; il fallait donc ne pas s'exposer, en cas d'échec, de ce côté, à voir ses hôpitaux du haut Iller et du haut Lech tomber au pouvoir des Autrichiens ;

4° La route d'étapes de l'armée doit être tracée à mesure qu'elle se porte en avant : cette route peut être double ; il est placé des commandants d'armes dans les principaux gîtes de cette route unique ou double.

Quant à la manière dont vous ferez vivre votre armée, vous frapperez des réquisitions régulières ; vous ferez donner des bons circonstanciés sur les pays neutres, lesquels serviront à rembourser ce qui aura été fourni. Sur le pays ennemi on frappera également des réquisitions, mais sans donner de bons : il sera seulement tenu un état des objets fournis et requis.

(*Lettre de Berthier au maréchal Augereau.*)

Prescriptions pratiques : remarquer que le droit de réquisition s'exerce ici sur des États neutres ; le cours des événements forçait ces États à y obtempérer, et c'eût été de leur part une grande imprudence que de donner prise au ressentiment d'un vainqueur qui apportait un tel ordre et une telle discipline.

ÉTUDE DES ORDRES DU 25 OCTOBRE

Grande tactique.

Il est ordonné au prince Murat de partir demain 26 de Munich, à la pointe du jour, pour se rendre, avec les divisions de dragons à cheval du général Walther et du général Beaumont et avec celle de grosse cavalerie du général d'Hautpoul, à Hohenlinden. Il poussera des avant-postes jusqu'au delà de Haag : si l'ennemi n'est pas en force, il poussera des coureurs jusque sur l'Ion. Le maréchal prince Murat aura soin d'instruire l'Empereur des nouvelles qu'il aura de l'ennemi. *(Lettre de Berthier au maréchal Murat.)*

La cavalerie allait donc précéder et éclairer la marche de l'armée jusqu'à Haag (11 lieues), et par ses coureurs jusqu'à l'Inn (15 lieues). C'est ainsi qu'il faut se servir de cette arme dans les marches.

Administration en campagne.

Le maréchal Bernadotte ne fera pas de réquisitions ni ne s'étendra sur sa gauche, les autres corps de l'armée devant marcher par cette partie. *(Lettre de Berthier au maréchal Bernadotte.)*

Avec le système des réquisitions, il est nécessaire d'indiquer à chaque corps d'armée la zone sur laquelle il doit vivre.

ÉTUDE DES ORDRES DU 27 OCTOBRE

Grande tactique.

Il est ordonné à M. le maréchal Soult de porter, ce matin, une de ses divisions à Hohenlinden, pour appuyer le prince Murat qui est en avant avec la réserve de la cavalerie.
(Lettre de Berthier au maréchal Soult.)

La cavalerie qui éclaire la marche de l'armée ne doit pas être isolée ; elle sera soutenue à quelque distance par une division ou une brigade de cavalerie, selon sa force.

Administration en campagne.

M. le maréchal Soult emportera de Munich des vivres pour deux ou trois jours.
Monsieur le général Marmont prendra du pain pour deux jours.
(Lettres de Berthier au maréchal Soult et au général Marmont.)

Cet ordre consacre un principe important : ces deux chefs de corps d'armée devaient en effet profiter des ressources d'une ville telle que Munich pour emporter le plus de pain possible.

PLAN DE KUTUSOFF

Kutusoff, à la nouvelle du désastre de Mack, prit le seul parti convenable. Après avoir rallié Kienmayer, il ne disposait que de 65,000 hommes, dont 20,000 Autrichiens démoralisés. Renonçant à toute offensive, il comprit qu'il ne pourrait lutter longtemps derrière les cours d'eau qui défendaient la route de Vienne, et cela pour deux raisons : 1° l'impossibilité avec 65,000 hommes contre 130 ou 140,000 de tenir des lignes d'eau, qui seraient assaillies sur un grand nombre de points à la fois ; 2° la presque certitude de voir ces lignes forcées du côté des montagnes, où elles constituaient une faible ligne de défense ; il en résultait qu'il courait le danger d'être poussé sur le Danube dont le cours ne s'étendait pas à plus de dix ou quinze lieues de son flanc droit.

Il possédait, il est vrai, tous les ponts du fleuve, mais si le passage était forcé, savoir : sur l'Inn à Braunau, à Passau ou entre ces deux villes, sur la Traun à Wels ou à Ebersberg, sur l'Enns à Steyer, il lui était impossible d'exécuter sans désastre un passage du Danube devant les Français ardents à le suivre.

Il se résolut donc à disputer de front les passages des affluents du Danube, en en coupant tous les ponts et en disposant de fortes batteries pour rendre leur rétablissement long et périlleux. Le passage forcé, il rétrogradait en combattant pour employer la même tactique sur la ligne d'eau placée en arrière, en ayant bien soin de reculer assez à temps pour ne pas être pressé sur son flanc gauche, c'est-à-dire du côté des montagnes. Au moyen de cette retraite pied à pied il donnait le temps à la seconde armée russe d'entrer en action et aux archiducs de se rallier à lui, ou de coopérer par de puissantes diversions à la deuxième partie de la campagne.

PLAN DE NAPOLÉON POUR FAIRE TOMBER LES LIGNES D'EAU ENTRE L'ISAR ET VIENNE

 Kutusoff avait raisonné d'autant plus juste sur le danger que courait son flanc gauche, que Napoléon ordonna l'attaque de front de l'Inn de Rosenheim à Braunau, détermination habile qui résolvait tous les cas. En effet, si Kutusoff tenait trop longtemps sur l'Inn à Braunau, il devait être menacé sur son flanc gauche par Laufen et Burghausen et rejeté dans l'angle de l'Inn et du Danube : s'il négligeait Braunau pour s'acharner à défendre les passages de Neu-Oetting, Muhldorf et Wasserbourg, il était perdu, car il avait derrière lui la Salza, et derrière la Salza, s'il parvenait par impossible à la passer, il trouvait les masses qui auraient franchi l'Inn à Passau. Il eût fallu pour défendre l'Inn être aussi fort à Braunau qu'entre Neu-Oetting et Rosenheim, ce qui n'était pas possible à Kutusoff.

Ce plan fut employé par l'Empereur pour faire tomber la Traun et l'Enns : il est clairement indiqué par les instructions données le 29 au général Marmont et au maréchal Bernadotte.

L'intention de Sa Majesté est que vous vous portiez par Straswalchen à Woecklabruck, Gemunden et Steyer. Par là vous vous trouveriez avoir tourné toutes les positions de l'ennemi. S'il veut défendre la rivière qui passe à Woels (la Traun), vous vous trouveriez avoir passé cette rivière dans les endroits où elle doit être très-faible et conséquemment facile à passer. Si l'ennemi veut tenir le long de l'Enns, il faut aussi que vous étudiez assez la position entre Steyer et la source de cette rivière, afin que vous puissiez la passer en haut, à une journée au plus de Steyer, où cette rivière doit être peu considérable. *(Lettre de Berthier au général Marmont.)*

Le général Marmont doit avec son corps d'armée se porter par Straswalchen à Woecklabruck, Gemunden et Steyer, et par cette marche tourner les positions de l'ennemi et passer les rivières vers les sources. (*Lettre de Berthier au maréchal Bernadotte.*)

ÉTUDE DES ORDRES DONNÉS LE 29 OCTOBRE

Poussez, de Passau, des partis sur la rive gauche du Danube afin de connaître ce que fait l'ennemi de ce côté : vous m'en rendrez compte. (*Lettre de Berthier au général Dupont.*)

Stratégie.

La division Dupont était mixte, le 1er hussards lui ayant été adjoint : il était donc possible à ce général de pousser des reconnaissances de cavalerie, arme si utile à la stratégie dont elle modifie souvent les dispositions par les reconnaissances lointaines qu'elle fait en avant et sur les flancs de l'armée.

COMBAT DE LAMBACH

(31 octobre.)

Lorsqu'on passe une rivière en retraite et qu'il se trouve à proximité un second pont non menacé par l'ennemi, il est d'usage de le faire concourir au passage afin de rendre moins périlleuse cette opération délicate. Il faut toutefois une supériorité de forces sur l'assaillant afin de n'être pas exposé à être attaqué en flanc et jeté dans la rivière.

Grande tactique.

Kutusoff, après avoir longtemps défendu les hauteurs de Lambach contre Davout et Murat ordonna à Kienmayer de passer la Traun au pont de Lambach et de le détruire : quant à lui, il tourna à droite sur Wels tout en combattant pour gagner le pont de cette ville. La faiblesse numérique des Français ne leur permettant pas de le suivre, il franchit l'obstacle sans difficulté et fit sauter le pont.

COMBAT DE WERFEN

(1er novembre.)

Le défenseur d'un défilé doit porter du monde sur toutes les issues qu'il présente sur les flancs, quelque inaccessibles

Grande tactique.

qu'elles puissent paraître. C'est pour avoir négligé ce principe qu'une petite colonne autrichienne de 3,000 hommes, occupée à défendre la tête du défilé de Werfen, vit tout à coup deux compagnies françaises couronner les crêtes en arrière, et rendre impossible par un feu plongeant toute défense de l'accès du défilé.

ÉTUDE DES ORDRES DU 2 NOVEMBRE

Logistique. Donnez sur-le-champ l'ordre, Monsieur l'Intendant général, que toutes les grandes administrations qui étaient à Augsbourg, et qui ont eu ordre de se rendre à Munich, se rendent dans la place de Braunau.   (*Lettre de Berthier à l'intendant général Petiet.*)

A mesure que l'armée s'avance, son grand centre administratif doit la suivre pour être à sa portée.

Grande tactique. Laissez M. le maréchal Davout à Lambach où il devra employer toute la journée de demain à se réunir dans cette ville et à y recevoir son artillerie. Il pourra pousser son avant-garde sur la route de Kremsmunster. Le général Beaumont couvrirait cette avant-garde.   (*Lettre de Berthier au prince Murat.*)

Ainsi les avant-gardes mêmes doivent être précédées de cavalerie destinée à les renseigner et à les couvrir.

Si l'ennemi occupait en forces Ebersberg, l'ordre positif de l'Empereur est qu'on n'engage aucune affaire sérieuse, sans que toutes ses forces se trouvent réunies. Dans ce cas, on se mettrait seulement en position.   (*Lettre de Berthier au prince Murat.*)

Toujours le principe de se concentrer pour combattre.

Lorsqu'on arrive en présence d'un ennemi supérieur en forces, il ne faut pas commettre la faute de se mettre en retraite, ce qui décèlerait immédiatement à l'adversaire la faiblesse du corps qui est devant lui et provoquerait une brusque et sérieuse attaque : il faut prendre position, ne pas refuser absolument de s'engager, mais ne pas combattre à fond. C'est ainsi qu'on gagne du répit, et qu'on peut reculer à temps de position en position et sans précipitation.

Il est nécessaire, Monsieur le Maréchal, de rallier et de laisser reposer votre monde le plus possible et de reprendre un moment haleine. Sa Majesté désire connaître positivement jusqu'à quel point votre armée est fatiguée.

(Lettre de Berthier au maréchal Davout.)

Il est indispensable de tenir compte à la guerre des fatigues matérielles des troupes, et de ne pas leur demander au delà de ce qu'elles peuvent fournir : l'hygiène est un facteur que les incapacités seules négligent.

Hygiène militaire.

Si vous marchez sur Lambach, emportez le plus de pain possible et faites-vous fournir des souliers.

(Lettre de Berthier au maréchal Bernadotte.)

Administration en campagne.

Toujours le principe d'user le plus possible des ressources des villes que l'on traverse. Ce soin n'est pas seulement spécial aux subsistances, il se rapporte encore à tous les besoins du soldat, surtout à la chaussure.

ÉTUDE DES ORDRES DU 4 NOVEMBRE

Si la colonne qui a été battue à Lover eût été poursuivie vivement, on aurait pu en avoir bon compte.

(Lettre de Berthier au maréchal Bernadotte.)

Grande tactique.

Vaincre sans poursuivre n'est vaincre qu'à demi.

Sa Majesté désire que votre cavalerie tienne des patrouilles sur la route de Knedorf à Rottenmam, tout comme lorsque l'Enns sera passé et qu'il sera bien constaté que l'ennemi ne peut plus prendre l'offensive, votre cavalerie éclaire le chemin de Steyer à Léoben, et celle du maréchal Davout le chemin de Steyer à Waidhofen, à Annaberg et Lilienfeld.   *(Lettre de Berthier au général Marmont.)*

Nouvel exemple de la cavalerie éclairant tous les débouchés à quatre et cinq lieues.

Je vous préviens, Monsieur le Maréchal, que j'autorise le prince Murat à continuer à poursuivre l'arrière-garde de l'ennemi. L'intention de Sa Majesté est que la division du général Oudinot se place demain de l'autre côté de l'Enns, pour soutenir le maréchal Murat s'il y a lieu.   *(Lettre de Berthier au maréchal Lannes.)*

La cavalerie est l'arme des poursuites : dans cette mission elle est évidemment exposée à rencontrer de la cavalerie, mais souvent aussi de l'infanterie : il faut donc qu'elle puisse à son tour être soutenue par de l'infanterie.

Logistique.   Le maréchal Davout se porte aujourd'hui sur Steyer : ayez un aide de camp près de lui afin d'être instruit promptement, s'il avait besoin de vous : soyez toujours prêt à soutenir l'armée de ce maréchal.   *(Lettre de Berthier au général Marmont.)*

Lorsque deux corps sont solidaires l'un de l'autre, sans être réunis, il est indispensable que chacun des états-majors de ces corps possède un officier détaché de l'autre, car la coopération de ce dernier sera bien plus facilement et bien plus promptement assurée au moyen de cet officier que par tout autre, vu qu'il connaît les chemins par lesquels il est venu, et qu'il se tient scrupuleusement au courant de tous les mouvements que fait le corps auquel il appartient.

Il est ordonné au général Marmont de désigner 100 hommes de son corps d'armée pris dans chaque régiment : ces 100 hommes seront sous les ordres d'un capitaine et d'un lieutenant et choisis parmi les hommes écloppés, qui, ayant mal aux pieds, se font conduire dans les voitures : le général Marmont fera ramasser tous les bateaux qui sont sur la Traun et les fera sur-le-champ descendre à l'embouchure de cette rivière dans le Danube près d'Ebersberg. Il embarquera sur ces bateaux les 100 hommes qu'il doit fournir, ainsi qu'il est dit ci-dessus, et, arrivés à Ebersberg, ils se mettront sous les ordres du capitaine de frégate de Lostanges qui commande la flottille du Danube; ces hommes seront destinés à suivre l'armée sur ces dits bateaux.   *(Lettre de Berthier au général Marmont.)*

L'intention de l'Empereur est que M. le maréchal Davout fasse ramasser tous les bateaux qu'il trouvera sur l'Enns et qu'il les fasse descendre sur le Danube : il mettra sur chacun quatre ou cinq soldats pris parmi les écloppés qui ne peuvent marcher : tous les bateaux seront sous les ordres d'un officier, qui, à son arrivée à Enns, prendra les

ordres du capitaine de frégate de Lostanges, commandant la flottille
sur le Danube.   (*Lettre de Berthier au maréchal Davout.*

Lorsqu'on suit un fleuve des rives duquel on est maître, il
est avantageux de l'utiliser au moyen de bateaux requis,
pour se faire suivre des écloppés qui embarrassent et retar-
dent la marche des corps : les affluents sont également utilisés pour gagner le fleuve.

Ce moyen de locomotion sera également applicable à des
détachements, à des convois de munitions et à des équipages
de pont : bateaux et mariniers seront requis dans le pays.
On peut voir la confirmation de ces dispositions dans la
lettre suivante :

L'intention de Sa Majesté est que M. de Lostanges fasse ramasser
cent barques sur le Danube et une cinquantaine sur l'Enns et sur la
Traun; il frétera des mariniers du pays et mettra quatre hommes d'infanterie sur chaque bateau. Ces bateaux sont destinés à porter rapidement d'une rive à l'autre un corps de troupe. S'il lui était possible de faire ajouter une ou deux pièces de canon sur chaque
bateau, cela serait fort utile.

M. de Lostanges verra la régence de Lintz, afin de requérir tous
les mariniers dont il pourra avoir besoin et de faire réunir tous les
bateaux. Il est prévenu que le général Songis doit faire descendre
des munitions de Donauwerth sur des bateaux; que le général
Lauriston doit faire embarquer à Braunau des troupes; que le général
Dupont doit également faire descendre une cinquantaine de bateaux de Passau; qu'enfin tous les bateaux qui descendront de l'Inn,
de la Salza ou de la Traun feront partie de sa flottille. Ces bateaux
sont encore destinés à jeter deux ou trois ponts sur le Danube, et,
en conséquence, le général Songis fera embarquer sur les bateaux
tous les objets, indépendants des bateaux, qui sont nécessaires pour
jeter un pont.

(Lettre de Berthier au capitaine de frégate de Lostanges.)

Le général Dupont fera embarquer sur cinquante bateaux les hommes les plus fatigués, et désignera un chef de bataillon pour commander cette petite flottille, qui descendra jusque vis-à-vis Lintz. Il
enverra des partis sur sa gauche, pour être instruit de tous les mouvements de l'ennemi en Bohême.

(Lettre de Berthier au général Dupont.)

Un convoi par eau doit avoir son escorte sur la rive par laquelle l'ennemi peut se présenter, et, en outre, des partis fort au loin sur cette rive.

ÉTUDE DES ORDRES DU 5 NOVEMBRE

Stratégie

Si l'ennemi tient dans la position de Saint-Pölten, vous vous trouveriez avoir débordé sa gauche, et vous seriez en mesure de marcher sur lui dans le temps que M. le maréchal Lannes et M. le maréchal Soult marcheront par le grand chemin de Vienne, pour tâcher de déborder sa droite.

(Lettre de Berthier au maréchal Davout.)

Principe du débordement des ailes.

COMBAT D'AMSTETTEN

(5 novembre.)

Grande tactique.

Le prince Bagration plaça sa cavalerie au centre; cette disposition, qui s'adaptait parfaitement au terrain, était bonne.

Tactique de la cavalerie.

Les points faibles de la cavalerie sont les flancs; c'est-à-dire qu'elle est très-compromise par les charges qui la prennent d'écharpe. Bagration le comprit en plaçant sa cavalerie sur la route d'Enns à Amstetten, et en la faisant appuyer sur ses deux flancs par son infanterie, embusquée dans des bois de sapins. La cavalerie russe ne put être enfoncée qu'après la conquête de ces obstacles par les grenadiers Oudinot.

ÉTUDE DES ORDRES DU 6 NOVEMBRE

Logistique.

L'Empereur, mon prince, a reçu votre dépêche d'hier à huit heures du matin. Sa Majesté aurait dû recevoir, dans la journée d'hier, deux fois de vos nouvelles : la première au moment où vous avez rencontré l'ennemi, et la seconde dans la journée. Votre officier n'est parti qu'hier soir, tard ; Sa Majesté est restée jusqu'à ce

moment avec des idées obscures sur la position de l'ennemi et, par
là, n'a pu donner aucun ordre à son armée.

(Lettre de Berthier au prince Murat.)

Il est nécessaire que le chef d'état-major d'un corps d'armée informe le chef d'état-major général, deux fois par jour,
de la position de son corps d'armée. Ce devoir acquiert une
importance de premier ordre lorsque le corps est engagé :
dans ce dernier cas, l'état-major général doit être prévenu dès
que l'ennemi est signalé.

Faites-vous éclairer par des partis de cavalerie, à cinq ou six lieues
sur votre gauche ; éclairez-vous également par de la cavalerie à une
grande distance devant vous, afin de ne pas vous laisser surprendre
et de savoir ce qu'il y a devant vous.

(Lettre de Berthier au maréchal Mortier.)

Grande tactique.

Principe, bien clairement formulé, du rôle de la cavalerie
dans les marches.

ÉTUDE DES ORDRES DU 7 NOVEMBRE

Le général Marmont aura soin de laisser, dans sa marche de
Steyer sur Léoben, de cinq en cinq lieues, des petits postes de cavalerie, afin de pouvoir correspondre facilement avec le quartier
général impérial. Cet article est important afin que l'Empereur sache
promptement ce qui se passera dans la vallée de l'Enns, de la
Muhr et en Italie.

(Lettre de Berthier au général Marmont.)

Logistique.

Moyen de correspondre dit *par relais*, excellent pour deux
raisons : 1° chevaux toujours frais et capables d'une course
rapide ; 2° sécurité des dépêches, ces petits postes éclairant
complétement des routes et présentant une certaine consistance contre les partis.

La ville de Lintz fournira chaque jour, à point nommé, sous peine
d'exécution militaire, 25,000 rations de pain.

On y prendra tous les cuirs et souliers qu'on pourra trouver dans
les magasins militaires et particuliers, ainsi que tous les draps propres à faire des capotes, en donnant des bons. Sa Majesté désire y

Administration en campagne.

trouver du cuir pour une soixantaine de milliers de paires de souliers, du drap pour quatre mille capotes d'officiers.

Il faut se servir de la régence, si elle veut s'y prêter, sinon s'adresser directement aux magasins de la ville, en employant les soldats de la ville, mêlés à des gendarmes et à des soldats français, pour faire des visites domiciliaires.

L'intention de Sa Majesté est que l'on tire de la ville tout ce qu'il sera possible pour la réorganisation et le bien-être de l'armée. On donnera des bons sur lesquels on payera par la suite, et avec cette formalité, on prendra dans les magasins et propriétés particulières.

L'Empereur ordonne qu'on fasse également la recherche de tous les plombs et poudre qui peuvent se trouver dans les magasins particuliers.   *(Lettre de Berthier au général Reille,*
commandant la Haute-Autriche.)

Toujours le principe fondamental de tirer des grandes villes le plus de ressources possible. Il s'appliquera, lorsqu'il s'agit de villes appartenant à l'ennemi : 1° au moyen des autorités locales ; 2° à leur défaut, par des saisies faites dans les magasins et des visites domiciliaires. Si l'esprit des habitants est satisfaisant, les denrées et objets fournis seront constatés par des bons et payés plus tard.

RÉSULTAT DES ORDRES STRATÉGIQUES DE NAPOLÉON ; PRÉCISION QU'ILS EXIGEAIENT DANS LEUR EXÉCUTION

Stratégie.   L'Empereur, dans sa marche sur Vienne, avait à résoudre le problème stratégique suivant : 1° Faire tomber les positions qui défendaient la route de cette capitale ; 2° s'opposer au débouché d'une armée austro-russe venant de Bohême, et peut-être d'une armée prussienne arrivant par le Haut-Mayn ; 3° empêcher les archiducs de déboucher par Léoben ; 4° sauvegarder la zone entre le Lech et l'Inn, c'est-à-dire sa ligne de communication, contre les incursions venant du Tyrol.

Pour faire tomber les positions barrant la route de Vienne, l'Empereur les fit attaquer de front et surtout déborder par leur gauche, c'est-à-dire du côté des montagnes.

Pour être prêt au cas où une armée ennemie se présenterait sur la rive gauche du Danube, Napoléon avait créé un 8e corps, celui du maréchal Mortier, dont les éléments avaient besoin d'être promptement réunis. Sa mission était celle d'un corps d'observation devant se tenir constamment un peu on arrière du gros de l'armée, qui suivait la rive droite ; il devait communiquer avec cette dernière par une flottille portant tout le matériel nécessaire pour construire plusieurs ponts.

A défaut d'une armée considérable en Bohême, Napoléon était obligé de supposer l'existence d'un corps qui essayerait d'en déboucher pour inquiéter les derrières de l'armée et se lier peut-être à une armée prussienne. Il prévit ce cas en portant le général Baraguey-d'Hillierc d'Ulm sur Waldmunchen et Schwardzenfeld.

Aux archiducs, arrivant par Léoben, et suivis d'ailleurs par Masséna, furent opposés Marmont à Léoben et, au besoin, Davout, en marche sur cette ville.

Enfin le maréchal Ney en conquérant le Tyrol, le maréchal Augereau en occupant le Vorarlberg, devaient garantir complétement la ligne de communications.

On sent qu'il existait dans ces dispositions, parfaites au point de vue de la conception, trois difficultés pratiques : c'était d'abord l'obligation, pour le maréchal Mortier, d'être toujours à portée du corps de Lannes, ainsi que le prescrivent les instructions données à Mortier ainsi qu'à Murat, qui avait le corps de Lannes sous ses ordres supérieurs. En outre, la flottille avait pour devoir essentiel d'être toujours placée entre les corps de Lannes et de Mortier, afin de pouvoir jeter sur la rive gauche des renforts nécessaires pour soutenir le 8e corps en cas d'attaque.

Il fallait donc une grande précision de marche pour maintenir à tout instant parfaitement liés les corps de Mortier, de Lannes et la flottille.

Il y avait enfin la réunion pratique des quatre divisions du corps de Mortier, réunion qui exigeait une grande activité.

Les instructions de Napoléon ne péchèrent d'ailleurs en aucune façon, par la clarté, et les événements qui suivirent et qui auraient été si fatals sans l'incomparable énergie des troupes, ne leur sont nullement imputables. Elles étaient les suivantes :

L'intention de l'Empereur est que vous vous mettiez demain en marche dans la matinée (7 novembre) pour vous porter à la hauteur du corps du maréchal Lannes, qui est au delà d'Enns, ayant soin de vous tenir toujours en arrière de la position qu'il occupera sur la rive droite. Vous enverrez des ordres au général Dupont et au général Dumonceau, afin qu'ils forcent de marche pour vous rejoindre.   (*Lettre de Berthier au maréchal Mortier.*)

Le maréchal Mortier n'avait en effet sous la main que la division Gazan et la division de dragons Klein.

L'Empereur, mon prince, me charge de vous faire connaître que le maréchal Soult vous suit avec tout son corps d'armée ; que le maréchal Mortier, avec la division de dragons Klein et la division Gazan, couche ce soir à Mathausen, sur la rive gauche du Danube ; qu'il est suivi à une journée de marche en arrière par les divisions Dupont et Dumonceau, et que le maréchal Mortier a l'ordre de marcher à votre hauteur sur la rive gauche.
           (*Lettre de Berthier au prince Murat, 7 novembre.*)

Ces ordres ne furent pas suivis avec assez de ponctualité ; d'autre part, on est peut-être en droit de conclure qu'il faut éviter de demander, à la guerre, une précision aussi parfaite que le comportait la marche solidaire de Murat, de Mortier et de la flottille.

PROPOSITION D'ARMISTICE REJETÉE PAR NAPOLÉON
(8 novembre.)

Napoléon allait quitter Lintz, lorsqu'il vit arriver le général Giulay, un des prisonniers d'Ulm, et auquel il avait donné un sauf-conduit dans le but de porter à Vienne des paroles de paix. Ce général n'avait aucune instruction relative à un traité, et se borna à demander un armistice. L'Empereur reconnut aussitôt le danger d'une pareille négociation ; car accorder un armistice, c'était laisser à Kutusoff le temps de se fortifier dans sa position de Saint-Pölten ; à l'armée de Bohême, celui de se former et de déboucher sur le Danube ; enfin, aux archiducs, celui d'atteindre Vienne, car il était difficile que la nouvelle de la conclusion de l'armistice parvînt aux princes avant qu'ils ne soient très-rapprochés de cette capitale. La proposition d'armistice fut habilement rejetée.

PLAN DE KUTUSOFF DE LIVRER BATAILLE EN AVANT DE VIENNE

On a vu que le plan de Kutusoff avait été de disputer pas à pas les obstacles qui couvraient Vienne, en reculant assez à temps pour ne pas être débordé sur son flanc gauche. Il avait compté, en agissant ainsi, gagner dix à douze jours ; il pensait être arrivé à cette époque à la position de Saint-Pölten, et y être renforcé peut-être des archiducs, et très-certainement de la deuxième armée russe sous les ordres de Buxhowden. Dans ces conditions, une bataille livrée à Saint-Pölten présentait de nombreuses chances favorables ; car cette position, constituée par le Kahlenberg, est très-forte sur son front ; l'entrée en ligne de 68,000 hommes au minimum faisait disparaître tout danger sur le flanc gauche ; quant au flanc droit, il était couvert par le Danube.

CHANGEMENT DU PLAN DE KUTUSOFF
(7 novembre.)

Arrivé à Saint-Pölten, Kutusoff apprit que la deuxième armée russe n'avait pas même atteint les frontières de la

Moravie : cette nouvelle était décisive et amena Kutusoff à renoncer à livrer bataille devant Vienne. Pensant avec raison qu'il serait forcé dans sa position à Saint-Pölten, il calcula les vrais principes en jugeant que s'il repassait le Danube à Vienne, il s'exposait à être coupé de Brünn et d'Olmutz par où devait s'avancer l'armée de Buxhowden. En effet, après avoir franchi le Danube à Vienne, il était obligé d'abandonner cette ville, dont les Français ne tarderaient pas à rétablir les ponts ; il pouvait donc gagner deux ou trois marches, ce qui lui était suffisant pour atteindre Brünn, s'il était seulement suivi par Vienne. Mais il était imprudent de ne faire que cette hypothèse : il restait à prévoir le cas où, franchissant le Danube entre Krems et Tulln, Napoléon dirigerait une partie de ses forces sur la rive gauche du Danube, pour assaillir le flanc gauche des austro-russes en retraite sur Brünn, en même temps que l'autre partie les suivrait de front, en débouchant des ponts de Vienne. Les forces jetées sur la rive gauche, entre Krems et Tulln n'ayant à parcourir qu'un côté du triangle, dont Kutusoff avait à décrire les deux autres, pouvaient tenter de couper la route de Brünn. Dans tous les cas leur action, combinée avec les forces qui avaient passé le fleuve à Vienne, devait mettre les coalisés dans une position critique. L'existence d'un nouveau corps français sur la rive gauche (celui de Mortier) qui fut révélée à Kutusoff, fixa les idées de ce général et lui fit conclure que les Français s'avançant rapidement sur Meissau, Hollabrünn et Nikolsbourg allaient s'élever sur ses derrières, et tout au moins sur son flanc gauche, tandis qu'il serait pressé de front. Il prit alors l'habile détermination de se dérober et de franchir le Danube à Krems, pour gagner en sécurité la route de Brünn. Il passa le Danube le 8 novembre, à Krems, et en brûla le pont.

Ce plan habile exigea toutefois un sacrifice : la division Merfeldt, qui avait défendu Steyer, et qui, pour se porter sur Saint-Pölten, était obligée de gagner par Maria-Zell la route de Bruck à Annaberg, Lilienfeld et Saint-Pölten, ne pouvait être rappelée, et il fallait laisser ce général gagner, comme il le pourrait, Lilienfeld et Vienne.

COMBAT D'ALTENMARCKT

(8 novembre.)

Il est dangereux de laisser après une marche une arrière-garde bivaquer isolée, car on s'expose à la voir enlever.

C'est ce qui arriva au corps du général Merfeldt ; il avait laissé un bataillon d'arrière-garde sur la route de Reifling à Altenmarckt, à plus d'une lieue de lui : ce bataillon fut enlevé.

Se garder en tout temps est un principe qui n'admet aucune exception ; mais combien est-il nécessaire de se garder avec les plus grandes précautions lorsqu'on se trouve dans une position isolée et délicate, comme celle du bataillon laissé en arrière-garde sur la route de Reifling à Altenmarckt par le général Merfeldt. Au lieu de redoubler de vigilance, « ce bataillon, dit le duc de Raguse, resta sans défiance, n'ayant placé aucun poste de sûreté, entièrement occupé à son établissement. Un simple escadron du 8ᵉ chasseurs, vigoureusement mené par le capitaine Testot-Ferry, aide de camp du général Marmont, se précipita sur le camp ennemi, renversant et brisant les fusils : tout le bataillon fut fait prisonnier, jusqu'au dernier homme. »

MARCHE DE MERFELDT D'ALTENMARCKT SUR MARIA-ZELL

Merfeldt, suivi depuis le 6 par le général Marmont, avait atteint le soir même le vallon de la Salza (affluent de droite de l'Enns), après une marche de 15 lieues : le 7 il avait, avec des peines incroyables, remonté ce ruisseau et était descendu dans la vallée d'Altenmarckt. Le 8 au matin, il déboucha sur

Maria-Zell, se croyant certain de pouvoir gagner Lilienfeld et de n'avoir que des combats d'arrière-garde à livrer aux Français. Quel ne fut pas son étonnement quand il vit la route barrée à Maria-Zell par le corps du maréchal Davout ! Merfeldt pouvait-il supposer que Davout qu'il savait être le 6 à Waydhoffen pût se trouver le 8 à Maria-Zell, après avoir franchi avec tout son corps et son artillerie : 1° les montagnes glacées et sans chemins praticables pour des troupes qui s'étendent entre Waydhoffen et Saint-Gaming ; 2° celles entre Saint-Gaming et la route de Maria-Zell à Lilienfeld ? Cette hypothèse paraissait devoir être rejetée, et beaucoup de militaires placés dans la position de Merfeldt l'eussent écartée comme lui.

L'événement toutefois démentit la sécurité de ce général, et si l'on cherche un principe qui, dans des circonstances pareilles, peut servir de guide, on peut dire qu'il sera prudent de conclure ce qui suit : lorsque la distance qui sépare l'ennemi d'un point d'une importance capitale (Waydhoffen de la route de Maria-Zell à Lilienfeld, 15 lieues) n'est pas hors de proportion avec le temps que l'on mettra soi-même pour atteindre ce point important, il ne faut pas asseoir ses espérances sur l'état des routes et des chemins que l'ennemi doit parcourir pour s'y rendre : on a vu réaliser l'impossible à cet égard, et des armées passer avec leur matériel dans des contrées réputées inaccessibles. Napoléon, dans ses instructions à Masséna, en date du 12 septembre, dit : « L'ennemi ne peut point pénétrer par la Corona, car jamais il ne donnera une bataille sérieuse sans artillerie et sans cavalerie. » Il posait donc comme certaine l'impossibilité de déboucher par la Corona autrement qu'avec de l'infanterie : or, cette impossibilité, il l'avait reconnue lui-même dans ses longues études de la position de Rivoli, dans la campagne de 1796 ; tandis que les généraux Autrichiens n'avaient pas suffisamment étudié la valeur des chemins, en toute saison et particulièrement en hiver, de la zone entre Waydhoffen, Saint- Gaming et Lilienfeld, laquelle forme une des dernières positions à défendre en avant de Vienne.

La marche du maréchal Davout fut stimulée par les rapports de reconnaissances bien faites, et surtout par l'inquiétude que le maréchal remarqua dans la conversation d'un médecin chez lequel il était logé et qui disparut pendant la nuit. Il conclut avec raison que l'ennemi devait être très-près.

Manque de précision dans la marche de l'armée française sur Vienne dans les journées des 8, 9, 10 et 11 novembre.

ÉTUDE DES ORDRES DU 11 NOVEMBRE

Un entraînement irrésistible, le désir d'entrer sinon le premier, du moins tous ensemble à Vienne, poussaient les maréchaux à hâter le plus possible leur marche, et à ne tenir que peu de compte de leurs instructions. Murat surtout s'était élancé à la tête de sa cavalerie, n'adressant que de rares rapports à Napoléon, négligeant ses dépêches et ne consultant que le désir de la gloire. Il avait entraîné Lannes attaché d'ailleurs à son corps, celui-ci Soult, auquel des instructions formelles prescrivaient de suivre de très-près Lannes et d'obéir à Murat. Le beau temps rendait encore cette marche plus précipitée, de sorte que le 10 Murat était à Siegharttkischen, Lannes à Perschring, Soult à Saint-Pölten.

Sur la rive gauche, Mortier, astreint d'une part à ne pas marcher trop vite afin de rallier les deux divisions Dupont et Dumonceau, de l'autre à se tenir à hauteur du maréchal Lannes, avait en définitive suivi en quelque sorte l'impulsion en interprétant ses instructions comme le liant d'une manière absolue à Lannes, de sorte que, sans attendre ses deux divisions qui étaient en arrière, se croyant à l'abri de toute attaque en se faisant éclairer par les dragons Klein à 4 ou 5 lieues sur son flanc gauche, c'est-à-dire du côté des montagnes, il s'efforçait de suivre le maréchal Lannes dans sa marche rapide. Il était loin de supposer qu'il pouvait avoir l'ennemi devant lui, bien que ses instructions du 6 ne lui donnassent en rien cette sécurité : en outre il avait oublié que la faute de marcher ainsi devait être fatale, si une armée débouchait de Bohême, comme cela était annoncé depuis longtemps, car ce n'était pas la seule division Klein qui aurait pu opposer une résistance suffisante pour réaliser la concentration des trois divisions d'infanterie du maréchal. Il résultait de cet état de choses que le 9, Mortier était à Spitz avec la division Gazan seulement, c'est-à-dire avec 4,500 hommes : la division Klein, 1,500 dragons, occupait Obersbach à huit lieues sur sa gauche, les deux autres divisions du 8ᵉ corps atteignirent Marbach situé à une forte marche derrière Spitz.

Une faute en entraîne souvent d'autres : Mortier, pour dégager son allure de tout embarras, avait ordonné de placer sur la flottille de M. de Lostanges toute son artillerie, moins deux petites pièces : or cette flottille ne s'était pas maintenue à sa hauteur, de sorte que le 9 au soir il se trouvait à Spitz avec 4,500 hommes sans autre artillerie que deux petites pièces, c'est-à-dire dans une position des plus critiques.

Les généraux français avaient donc oublié ici les deux principes fondamentaux suivants : 1° exécution ponctuelle et précise des ordres ; 2° nécessité d'admettre à tout moment un changement dans les dispositions de l'ennemi, et possibilité d'être attaqué par lui dans toute sorte de direction.

L'Empereur, instruit du passage de Kutusoff sur la rive gauche, fut alarmé de la position isolée du corps de Mortier, dont il ignorait d'ailleurs la dissémination, et il le fut d'autant plus que la marche irréfléchie de Murat ne permettait pas de secourir le 8ᵉ corps s'il venait à être attaqué, ce qui paraissait hors de doute. Ces craintes et le blâme des fautes commises ressortent clairement des instructions qu'il dicta le 11 à l'abbaye de Molk, et qui tentèrent de les réparer s'il en était encore temps.

L'ordre positif de l'Empereur, monsieur le maréchal, est que vous ne dépassiez pas aujourd'hui Burkersdorf. Sa Majesté voit avec peine que vous n'avez pas rompli ses intentions, puisque vous n'avez personne vis-à-vis les Russes, et que sa volonté n'était pas qu'on se précipitât sur Vienne comme des enfants. Par cette négligence à exécuter les ordres de l'Empereur, il s'ensuit que le maréchal Mortier est exposé à porter tous les efforts des Russes et à être écrasé.
(Lettre de Berthier au prince Murat.)

Rendez-vous de votre personne à Mautern, mettez-vous en correspondance avec le maréchal Mortier, qui, ce matin, marche sur Stein : Placez vos divisions en échelons où elles se trouvent, de manière que s'il se confirmait que les Russes prennent fortement position à Stein et y attendent la 2° armée, vous puissiez concentrer vos forces le long du Danube, pour vous servir des bateaux du maréchal Mortier pour passer sur la rive gauche.
(Lettre de Berthier au maréchal Soult.)

COMBAT DE DIERNSTEIN
(11 novembre.)

Le plan du colonel autrichien Schmidt, un des conseillers de Kutusoff, fut celui d'un militaire doué d'un mérite transcendant. Il consistait à profiter de l'isolement dans lequel il savait Mortier et de la négligence que ce maréchal apportait dans la marche pour lui barrer de front et avec des masses la route de Diernstein à Stein, tandis qu'une forte colonne, conduite par le colonel, profiterait du grand bois de Diernstein pour opérer un mouvement tournant sur le flanc gauche de Mortier et le couper irrévocablement des divisions Klein, Dupont et Dumonceau. Ces dispositions étaient profondément habiles : elles devaient amener la ruine de la division Gazan et la retraite précipitée du reste du corps de Mortier.

Parvenu au village de Loiben, ce maréchal aperçut devant lui des masses profondes : c'étaient les Russes poussant les

hourahs d'une troupe assurée de vaincre. Il reconnut alors
sa faute, jugea comme Dupont à Haslach qu'il était perdu
s'il reculait, et résolut de réparer noblement la situation en
tenant jusqu'au dernier homme, afin de donner le temps à
ses trois autres divisions d'accourir : il leur envoya des ordres pressants et prit bravement ses dispositions de combat.
C'était la seule conduite à tenir. Mortier, après avoir refoulé
à Loiben les Russes qui étaient devant lui, apprit l'occupation de Diernstein par le colonel Schmidt : fortement pressé
par des masses qui s'augmentaient à tout moment, car il lut-
tait avec 4,500 hommes contre 45,000 Russes, sur le point
de manquer de cartouches, il comprit que sa seule ressource
était de rétrograder en combattant, du côté où pouvaient arriver les secours, c'est-à-dire sur Diernstein, qu'il serait
peut-être possible de reprendre.

Il fit face des deux côtés en battant en retraite, soutenant
à la clarté de la lune une lutte sans précédent et dont on ne
peut expliquer la durée que par l'obligation où l'on était de
combattre dans un chemin creux, dans lequel les têtes de
colonnes seulement étaient engagées. Mortier avait en effet
dirigé sa retraite, non plus sur la grande route par laquelle
il était venu, mais par un chemin creux, clôturé de murs en
pierres sèches : disposition de la plus haute habileté : en
effet, dans ce long boyau, l'ennemi ne pouvait user de son
énorme supériorité numérique, car il ne lui était permis
que d'engager sept ou huit hommes de front. La division Dupont parut enfin : la colonne du colonel Schmidt, menacée
d'être prise entre deux feux, dut abandonner Diernstein
après avoir perdu son valeureux chef : Mortier fit sa jonction
avec son lieutenant, recueillant le fruit mérité de ses dispositions tactiques et de l'héroïsme de ses troupes.

Logistique. On ne saurait trop louer la vigilance de l'état-major austro-russe après le passage sur la rive gauche du Danube :
les reconnaissances furent si bien faites et les espions si habilement utilisés, que le colonel Schmidt connut parfaite-

ment la position isolée du corps de Mortier et la marche vicieuse des éléments de ce corps.

PLANS QUE POUVAIT SUIVRE KUTUSOFF APRÈS SON PASSAGE SUR LA RIVE GAUCHE DU DANUBE

Kutusoff ne pouvait prendre que trois partis :

1° Se rendre en Bohême ;

2° Se porter en Moravie ;

3° Se concentrer à Krems.

Ce dernier parti paraît si absurde que l'on n'a voulu en parler que pour présenter tout ce qui est possible. Il n'aurait pas de vivres, puisqu'il n'est pas maître du Danube ; il se trouverait cerné par toute l'armée française dont il connaît bien la force : mais toutes les probabilités sont que l'ennemi est déjà en ce moment en pleine marche. Mais si les considérations qui nous sont inconnues le portaient à attendre encore quelques jours dans la position de Stein et de Krems, il faudrait se contenter de prendre vis-à-vis de lui une bonne position sur la rive gauche du côté de Spitz et faire passer sur la rive droite à Mautern du canon : avoir des postes de cavalerie le long du Danube jusqu'à Vienne et attendre que le prince Murat eût passé le Danube et se trouvât à hauteur et à même de l'attaquer de son côté.

(Instructions de Berthier au maréchal Bernadotte,
16 novembre.)

ÉTUDE DES ORDRES DU 12 NOVEMBRE

Bien qu'il considérât comme invraisemblable que Kutusoff restât à Krems, Napoléon n'en supposa pas moins le cas et, dès le 12, il avait donné les ordres suivants :

Dans le moment actuel, mon prince, la grande affaire est de passer le Danube afin de déloger les Russes de Krems, en se jetant sur leurs derrières. Vous aurez pour tourner les Russes et pour tomber sur leurs derrières votre cavalerie, le corps du maréchal Lannes et celui du maréchal Davout.

(Lettre de Berthier au prince Murat.)

Principe de faire tomber les positions en menaçant la ligne de communications de l'ennemi avec des forces imposantes.

Lorsque vous serez dans le cas de vous apercevoir que l'ennemi est attaqué par le prince Murat, alors vous marcheriez sur lui de votre côté. Vous ne devez faire votre mouvement de retraite que devant des forces réelles, afin que l'ennemi ne vous mette pas à trois ou quatre marches de lui par un corps d'observation peu nombreux.   (*Lettre de Berthier au maréchal Mortier.*)

Une attaque sur les communications d'une armée doit être combinée avec une attaque de front, sans quoi l'ennemi laissant un rideau devant les corps qui le menacent directement accourra en masse sur ses derrières et infligera un désastre au corps débordant.

Les deux attaques ont besoin de solidarité, et c'est un devoir de premier ordre de tâter très-fortement l'ennemi à l'époque où l'on présume que l'attaque des communications s'effectuera. Du plus ou moins de consistance que présentera l'ennemi sur son front, on conclura s'il a détaché du monde au secours de sa ligne de retraite, et si l'on doit soi-même attaquer avec toutes ses forces.

ÉTUDE DES ORDRES DU 13 NOVEMBRE ET D'UN ORDRE DU 12

(Onze heures du soir.)

Stratégie.   Ces ordres se rapportent : 1° au cas où Kutusoff se retirerait en Moravie ; 2° à celui où il opérerait sa retraite sur la Bohême.

Premier cas.

L'Empereur vous donne l'ordre, mon prince, de tâcher de surprendre demain à la pointe du jour le passage des ponts de Vienne ; les divisions Vandamme et Legrand suivront votre mouvement.   (*Lettre de Berthier au prince Murat, 12 novembre, onze heures du soir.*)

Si l'ennemi se rend en Moravie, il est probable qu'il sera débordé,

au moins attaqué en flanc par le prince Murat. L'intention de
l'Empereur est que M. le maréchal Bernadotte le poursuive et lui
fasse le plus de mal possible.

(Lettre de Berthier au maréchal Bernadotte.)

Il est ordonné à M. le maréchal Davout de continuer sa route
demain avec son corps d'armée pour se rendre à Vienne.

(Lettre de Berthier au maréchal Davout.)

Deuxième cas.

Ainsi, pour le cas d'une retraite de Kutusoff sur la Moravie, il devait être suivi par les corps de Bernadotte, de Mortier et la division Saint-Hilaire, et pris en flanc par Murat,
Lannes, Davout et deux divisions du corps de Soult.

Si l'ennemi se rend en Bohême, M. le maréchal Bernadotte le
poursuivra, et aussitôt qu'il sera assez élevé et qu'il se trouvera à l'in-
tersection des routes de Vienne et de Lintz, il se fera joindre par
le général Klein et sa division qui se trouvera dans ce moment sur
Freystadt et sur Lintz.

L'Empereur qui, d'ailleurs, sera à Vienne, enverra à M. le maréchal Bernadotte, suivant les circonstances, de nouvelles instructions et des renforts. Je préviens M. le maréchal Bernadotte, que je
donne l'ordre à M. le maréchal Mortier de reformer ses trois divisions et de servir de réserve à son corps d'armée. En conséquence
il occupera Krems et Stein pendant le temps que M. le maréchal
Bernadotte poussera en avant; ainsi, si l'ennemi menaçait de se
porter sur Lintz, le maréchal Mortier y enverrait un renfort pour
garder le pont.   *(Lettre de Berthier au maréchal Bernadotte.)*

L'Empereur croyait peu à une retraite vers la Bohême :
aussi tout en ne négligeant pas cette hypothèse, se borna-
t-il à disposer des corps de Bernadotte, de Mortier et de la
division Saint-Hilaire, pour suivre les Russes dans cette direction.

M. le maréchal Bernadotte aura soin de placer de petits postes
de cavalerie depuis Molk jusqu'à la porte de Siegharts-Kirchen ; il
donnera l'ordre au général Kellermann de laisser de deux lieues en
deux lieues, sur cette route, un maréchal des logis et huit hommes

dont les chevaux serviront à relayer les officiers porteurs de dépêches.   (*Ordre de Berthier au maréchal Bernadotte.*)

Il était extrêmement important pour l'Empereur, qui quit-
tait Saint-Pölten, d'avoir le plus rapidement possible des
nouvelles de Kutusoff : ce système de relais résolvait la
question.

ÉTUDE DES ORDRES DES 12, 13 ET 14 NOVEMBRE RELATIFS
A LA CONDUITE DES ARCHIDUCS

Stratégie.

Il restait à prévoir les différents plans que pouvaient
suivre les archiducs Charles et Jean. Les instructions données au général Marmont le 12 et au maréchal Davout le 13
et le 14, envisagèrent la question sur toutes les faces.

Il est nécessaire, général, que vous envoyiez des espions et que
vous fassiez toutes les perquisitions possibles pour connaître les
mouvements du prince Charles : les uns disent qu'il doit passer par
Brixen, Rastadt et Salzbourg; d'autres qu'il doit passer par Klagenfürth et Graëtz. Il est impossible qu'à Léoben et à Judenbourg vous
ne sachiez à quoi vous en tenir sur cela.
                    (*Lettre de Berthier au général Marmont.*)

Il est ordonné à M. le maréchal Davout de continuer sa route demain avec son corps d'armée partant de Modling pour se rendre à
Vienne.   (*Lettre de Berthier au maréchal Davout.*)

L'Empereur ordonne, monsieur le Maréchal, que vous placiez deux
régiments de cavalerie de votre corps d'armée sur la route de Presbourg, rive droite du Danube, et un régiment à cheval, également
sur la route de Presbourg, rive gauche.
Sa Majesté ordonne que la division Cafarelli soit placée à trois
lieues en avant de Vienne, sur la route de Brünn : cette division
aura un régiment à la rive gauche du Danube sur la route de Presbourg. La division Friant sera placée à trois lieues sur la rive droite
du Danube sur la route de Presbourg. La troisième division de votre
corps d'armée se rendra à Neustadt : vous enverrez avec cette division un régiment de cavalerie qui tâchera de se mettre en communication avec le général Marmont qui doit être à Léoben.
                    (*Lettre de Berthier au maréchal Davout.*)

L'archiduc Charles pouvait, moyennant quelques sacrifices, se dérober à Masséna, que la trahison de la cour de
Naples allait retenir en Italie. S'il essayait de gagner Salzbourg, après avoir rallié son frère l'archiduc Jean, il heur-
tait Ney renforcé d'Augereau et d'une division bavaroise
laissée à Kufstein : ces 35,000 hommes, maîtres de tous les
passages, devaient barrer la route à l'archiduc et permettre
au corps de Marmont d'accourir de Léoben : enfin Davout,
si cela était indispensable, pouvait être rappelé de Vienne.

Si l'archiduc voulait déboucher de Klagenfürth sur Judenbourg, Léoben et Bruck, ou de Klagenfürth sur Graetz et
Bruck, il rencontrait le corps de Marmont immédiatement
renforcé d'une division de Davout, et le lendemain de tout
le reste du corps de ce maréchal, ainsi que de la garde et de
la division de dragons de Beaumont.

Enfin si l'archiduc gagnait Pesth et Presbourg, l'inverse
s'opérait, le prince rencontrait le corps de Davout renforcé
de celui de Marmont, de la garde et de la division Beaumont.

Ainsi Napoléon était prêt à la fois contre les Russes et
contre l'armée autrichienne d'Italie et le corps du Tyrol.

SURPRISE DES PONTS DE VIENNE
(13 novembre.)

Cette surprise eut une influence capitale : elle faisait gagner deux jours à l'armée française et mettait Kutusoff dans
une position critique. En effet, des ponts jetés sur le Danube
à Kosterneubourg ou à tout autre point voisin de Vienne,
eussent nécessité la recherche de matériaux (la flottille ayant
été arrêtée par suite de l'occupation de Krems par les Russes) :
il eût fallu en outre jeter ces ponts sous le feu de l'ennemi,
qui occupait en force la rive gauche. Pendant le temps nécessaire à cette opération délicate, l'armée austro-russe
laissant une arrière-garde sur le Danube, gagnait deux ou

trois marches, simplement observée par Bernadotte et Mortier, qui ne pouvaient s'engager qu'autant qu'ils auraient avis de la coopération de Murat.

Philosophie militaire. Un militaire chargé d'une mission ne doit se laisser influencer par aucun bruit contraire à l'accomplissement de cette mission ; l'ennemi a tout intérêt à faire courir de pareils bruits susceptibles, lorsqu'ils sont accueillis, de lui procurer des succès. Il faut que l'officier, auquel une mission est échue, en poursuive l'exécution à moins d'un ordre formel qui dégage sa responsabilité.

Le comte d'Auersperg, chargé avec 1,500 hommes de défendre l'accès des ponts de Vienne et de les brûler au besoin, se laissa impressionner par des bruits d'armistice et de paix : le maréchal Lannes et le général Bertrand, profitant habilement de ces bruits, s'approchèrent des ponts avec des troupes cachées et simulant un armistice, ruse de guerre parfaitement admise, s'emparèrent des ponts sans effusion de sang, ayant joué complétement le général autrichien.

ORDRE DU JOUR DU 14 NOVEMBRE

Petite tactique. Sa Majesté a aperçu dans la tournée qu'elle a faite à deux heures du matin, aux avant-postes, beaucoup de négligence dans le service et a remarqué qu'il ne se faisait pas avec cette exactitude rigoureuse qu'exigent les ordonnances et les règlements de la guerre. Avant le point du jour, les généraux et les colonels doivent être à leur avant-poste, et la ligne sous les armes jusqu'à la rentrée des reconnaissances : on doit toujours supposer que l'ennemi a manœuvré pendant la nuit pour attaquer à la pointe du jour.

Ces excellentes règles ont été oubliées par l'ordonnance du 3 mai 1832 : lacune bien regrettable et pour ainsi dire intentionnelle, car l'article 90 du titre VIII ne maintient sous les armes que les petits postes pendant les reconnaissances.

ÉTUDE DES OPÉRATIONS DU TYROL. — CHOIX DU POINT D'ATTAQUE DES DÉFENSES DU TYROL

Une attaque du Tyrol allemand, venant de la Bohême, ne peut s'opérer que sur quatre points, isolés les uns des autres par des montagnes absolument impraticables à une armée, ce sont : Landek, Scharnitz et Kufstein. Le centre de la défense est au col du Brenner, d'où le défenseur peut rayonner facilement sur l'un des points attaqués. Ce col est, en outre, situé sur les lignes de retraite soit du Tyrol italien, soit de la Carinthie.

Il résulte de ces considérations que la chute de Scharnitz doit immédiatement isoler et couper les forces placées aux autres points de la défense. Il ne reste plus alors aux troupes qui y sont placées qu'à y soutenir un siége ou, si les instructions leur prescrivent l'abandon de ces postes, à opérer une retraite excentrique des plus difficiles, savoir : la garnison de Kufstein sur Salzbourg, celle de Landek, par Nauders, Glurns, Méran, sur Botzen.

On peut conclure : 1° que la résistance n'est possible qu'à Scharnitz, véritable clef du pays ; 2° que l'occupation des autres points ne répond qu'au cas où l'ennemi commettrait la faute d'attaquer autre part qu'à Scharnitz. Le maréchal Ney choisit ce dernier point comme but de son offensive, et montra ainsi une parfaite connaissance des propriétés défensives du Tyrol allemand.

PRISE DE SCHARNITZ

(4 novembre.)

Le commandant du fort de Scharnitz tenta bravement de se faire jour avec la garnison, composée de 1,500 hommes : il ne put y parvenir.
(Rapport du maréchal Ney.)

Tentative à imiter.

Logistique.

Le maréchal Ney, avant de faire attaquer le fort de Scharnitz, se contenta de le faire observer et prescrivit d'emporter celui de Leutasch, qui se trouve à un kilomètre en avant et à cinq cents mètres à l'ouest. Des chasseurs de chamois furent requis pour diriger le 69ᵉ régiment, qui parvint à escalader des sentiers connus d'eux seuls. Ce régiment, ainsi guidé, couronna les sommités qui plongeaient sur l'ouvrage ouvert à la gorge, circonstance qui amena la capitulation du fort.

Les chasseurs et les contrebandiers sont les meilleurs guides dans les pays de montagnes.

Tactique de l'infanterie.

Après avoir fait tomber le fort de Leutasch en escaladant les hauteurs qui le prenaient à revers et plongeaient sur la gorge de l'ouvrage, le 69ᵉ régiment employa la même tactique relativement au fort de Scharnitz ; mais cette fois il s'agissait d'escalader une montagne rocheuse garnie de milices tyroliennes, et considérée comme tellement inexpugnable que les Tyroliens y avaient emmené leurs femmes et leurs enfants.

Le 69ᵉ réussit à escalader ce rocher : c'étaient les mêmes soldats dont la valeur avait décidé l'affaire d'Elchingen ; aucun obstacle ne put les arrêter. Pour se défendre des balles et d'une grêle de pierres que les chasseurs tyroliens faisaient pleuvoir sur eux, ils attachèrent leurs sacs sur leur tête : couverts de cette espèce de bouclier, embarrassés de leurs armes, ils s'accrochaient aux arbustes, aux racines, fichaient les baïonnettes dans les fentes, s'entr'aidaient et gravissaient ainsi d'un roc à l'autre. Les coups de carabine et les quartiers de roche qui écrasaient ou entraînaient au fond des précipices quelques-uns de leurs camarades, animaient de plus en plus ces intrépides soldats. (*Mathieu Dumas.*)

Littérature militaire.

Le langage à tenir au soldat, au moment de l'action, doit être simple et énergique : les images naïves sont quelquefois d'un excellent effet sur son moral qu'elles impressionnent par leur singularité et une gaîté voisine de l'héroïsme dans certaines circonstances.

Le jour de la prise de Scharnitz, que sa brigade attaquait de front,

le général Marcognet ordonna à un tambour de rester près de lui
en portant une tête de chou au bout d'une perche, et de l'abattre
s'il était tué. Il dit ensuite à haute voix au 25e léger, qui allait escalader le rempart : « Tant que vous verrez la tête de chou, vous di-
« rez : Pierre Marcognet est là ! Et, si vous ne la voyez plus, le
« colonel prendra le commandement. » (*De Fezensac.*)

IMMENSES CONSÉQUENCES DE LA PRISE DE SCHARNITZ

La prise de Scharnitz, position que le célèbre général Chas-
teler avait fortifiée avec le plus grand soin et qui passait
pour inexpugnable, déconcerta complétement l'archiduc. Ce
prince comptait sur la résistance de cette place pour concentrer à Inspruck ses troupes rappelées de Kufstein et de Landek. Il n'en eut pas le temps et, pour éviter une perte certaine, il dut lui-même se retirer sur Brunecken et Villach,
abandonnant les troupes du Vorarlberg : circonstance qui
montre combien il avait été vicieux d'éparpiller ses forces
de Landek à Kufstein, au lieu de les concentrer sur les deux
points si importants de Scharnitz et de Botzen.

La garnison de Kufstein s'en tira par une convention
adroite qui lui permit de rejoindre l'archiduc, mais la brigade de Rohan dut être sacrifiée et n'obtint un salut mo-
mentané qu'à une négligence impardonnable.

Enfin la prise de Scharnitz eut pour dernière conséquence
l'abandon des troupes du Vorarlberg. On se rappelle qu'après
la chute de Memmingen le général Jellachich s'était retiré
sur cette province; c'était par le Vorarlberg que s'opérait la
liaison entre l'armée du Danube et l'armée d'Italie. L'archiduc Jean avait le droit et le devoir d'appeler à lui le corps
de Jellachich après la catastrophe de Mack. Il ne le fit pas ou
le fit tardivement, de sorte que Jellachich, coupé de l'archiduc par la perte du Tyrol, fut obligé de capituler entre les
mains du maréchal Augereau. Nouvel exemple de la nécessité de peser les conséquences des événements, de prendre
une détermination prompte et d'apprécier la valeur du temps.

Si l'archiduc Jean avait examiné immédiatement et à fond le résultat de la capitulation d'Ulm et l'éventualité d'une attaque du Tyrol, il aurait pris sans délai le parti d'appeler à lui le corps de Jellachich.

IMPORTANCE DE LA POSITION DE BOTZEN

Géographie militaire.

La position de Botzen a une valeur stratégique de la plus haute importance : elle est, en effet, le nœud des routes du Brenner et du Landek par Nauders.

Le maréchal Ney, en ordonnant l'occupation en force de Botzen, coupait à jamais de l'archiduc les troupes placées à Landek. Le général Loison, n'appréciant pas l'importance capitale de Botzen et négligeant d'ailleurs l'exécution d'ordres positifs qui lui prescrivaient d'occuper ce point avec toute une brigade d'infanterie et des troupes de cavalerie, n'y envoya que la valeur de deux bataillons, encore les dispersa-t-il sur six points. Il en résulta que la brigade autrichienne du duc de Rohan, puissamment secondée par le soulèvement en masse des Tyroliens, put s'emparer de Botzen et tenter de se réunir par Lawis à l'archiduc Jean, en marche de Brunecken sur Villach et Klagenfurth.

TROISIÈME PARTIE

Masséna, maître de la partie de Vérone située sur la rive droite de l'Adige, ne l'était pas des faubourgs ni de Véronette, situés sur la rive gauche. Or les instructions de Napoléon, en date du 12 septembre, spécifiaient que le maréchal devait s'emparer de Vérone et prendre ensuite une position au pied des montagnes, la droite appuyée à l'Adige, la gauche au Monte Molare, ayant une division à Rivoli et du monde à la Corona. La question, pour Masséna, était donc d'abord de surprendre le pont de Vérone. Pour atteindre ce but, il concentra son armée aux environs de Zévio, sur la rive droite, en face du camp de l'archiduc Charles, placé à San Gregorio. Cette position donnait à Masséna l'avantage d'attirer l'attention de l'ennemi sur le bas Adige, et de la détourner de son véritable but, qui était de surprendre le passage à Vérone.

PASSAGE DE L'ADIGE A VÉRONE

(18 octobre.)

Masséna, désirant passer l'Adige de vive force en surprenant le pont de Vérone, était tout à fait dans les conditions d'un général qui vient accomplir un passage de rivière. L'objet important est alors de cacher le point de passage le plus longtemps possible. Il fut atteint par l'ordre habile donné au général Verdier de faire une fausse attaque sur le bas Adige, d'y attirer le gros des forces de l'archiduc en y jetant un pont. Ces dispositions réussirent complétement : l'archiduc prit le change, accourut à Bocca-Civetta, considérant l'attaque sur Vérone comme une fausse attaque, et perdit la possession de la rive gauche de l'Adige au point si important de Vérone.

Grande tactique.

Le pont de Vérone avait été barré, par les Autrichiens, par un mur; en arrière était une large coupure; sur la rive gauche, un simple poste; plus loin en arrière, des retranchements formant, avec des maisons crénelées, une bonne ligne de défense.

Ces dispositions étaient bonnes; toutefois l'archiduc commit deux fautes : 1° il fit garder le pont de trop loin; la division Wukassowich ne se trouva pas en mesure de défendre le passage dès que l'attaque commença; 2° il n'ordonna pas de miner les piles du pont, circonstance qui facilita le coup de main des Français.

Immédiatement après la conquête du pont, Masséna fit construire une forte tête de pont. C'est là un principe fondamental ayant pour but de conserver ce qu'on a eu souvent tant de peine à conquérir.

RÉSOLUTION DE L'ARCHIDUC A LA RÉCEPTION DE LA NOUVELLE DU DÉSASTRE DE MACK

(26 octobre.)

Stratégie.

Le 26 octobre l'archiduc apprit le désastre de Mack; il comprit que la monarchie autrichienne, dont il avait en main la meilleure armée, était perdue s'il ne la secourait à temps. Il prit donc la résolution de la retraite, en ralliant à lui son frère l'archiduc Jean et les débris de Mack qui se trouveraient dans le Vorarlberg. Mais il voulait combattre, puis se retirer en bon ordre, afin de donner à ceux-ci le temps de le rejoindre et de relever le prestige de l'armée autrichienne par une retraite qui lavât les hontes du Danube.

La meilleure manière de préparer une retraite devenue indispensable est de combattre dans une excellente position ; la retraite commencée, il ne faut perdre aucune occasion favorable de se faire respecter. Tel fut le plan de l'archiduc.

COMBAT DE SAINT-MICHEL
(29 octobre.)

Le combat de Saint-Michel fut une reconnaissance offensive ayant pour but de permettre à Masséna de reconnaître par lui-même la position de l'archiduc à Caldiéro : un passage de l'Adige à Bussolongo, prescrit à son aile gauche, créa une utile diversion et assura le succès de cette reconnaissance.

PASSAGE DE L'ADIGE A BUSSOLENGO
(29 octobre.)

Le général Seras jeta d'abord sur la rive gauche, occupée par l'ennemi, des compagnies d'infanterie qui passèrent dans des bateaux, sous la protection d'une forte batterie placée sur la rive droite. Ces compagnies couvrirent alors l'établissement du pont.

Règles d'exécution fondamentales.

BATAILLE DE CALDIÉRO
(30 octobre.)

Dispositions générales.

L'archiduc, décidé à livrer bataille et persuadé par la reconnaissance faite le 29 par les Français, qu'ils déboucheraient en masse de Vérone, occupa la position de Caldiéro, déjà célèbre en 1796 pour avoir déflé les efforts de Bonaparte.

Cette position est en effet formidable contre un adversaire qui vient de Vérone. Il en augmenta les propriétés défensives par de nombreux ouvrages de fortification passagère, dont les feux croisés ne laissaient aucun angle mort, « et qui se répandaient, dit Mathieu Dumas, jusqu'au fond des ravins. »

Le prince prit en outre une détermination qui montre le grand homme de guerre, celle de ne pas rester inerte dans sa position, mais de manœuvrer en avant d'elle, appliquant ce principe sauveur qu'une vraie défensive doit être une *défensive offensive* ou une *défensive active*.

Prévoyant que Masséna chercherait à déborder sa droite par un passage de l'Adige, vers Ronco, il résolut d'opposer à cette manœuvre une tentative du même genre, destinée à rappeler les Français sur la rive gauche et à empêcher tout mouvement menaçant pour sa gauche et ses derrières. Il chargea, en conséquence, le général Dawidowich de franchir le fleuve à Bonavigo. Masséna avait trop de talent pour heurter de front la forte position de l'archiduc sans combiner son attaque avec une manœuvre tournante ; il prescrivit en effet au général Verdier de passer l'Adige devant Persago et de prendre à revers la gauche des Autrichiens ; dès que cette attaque serait prononcée, la position de Caldiéro devait être abordée de front.

Les dispositions générales de l'archiduc et de Masséna sont de véritables modèles. Peut-être sera-t-on tenté de reprocher à Masséna de n'avoir pas pris des mesures pour empêcher les Autrichiens de passer l'Adige entre Zevio et Legnago! mais cette observation critique tombera devant la faiblesse numérique du maréchal, obligé d'attaquer, avec 40,000 hommes, une armée de 70,000 retranchée dans de formidables positions, et conséquemment dans l'impossibilité d'en consacrer 10 ou 15,000 à surveiller le fleuve au delà de Persago. Cette grande infériorité était d'autant plus préjudiciable que tout le plan de Masséna se basait sur le mouvement de Verdier ; or un passage de rivière devant l'ennemi est une opération délicate qui, pour être sûrement tentée, aurait exigé le double des troupes dont disposait Verdier. On doit conclure que le maréchal fit tout ce qui était possible et conforme aux principes, eu égard aux forces de son armée.

ORDRE DE BATAILLE

Autrichiens.

Droite : corps de Simbschen à Cologna et à Alta.

Centre : Bellegarde à Caldiéro.

Gauche : prince de Reuss en avant de Moschina et de la Chirarda.

Cavalerie et une réserve de 24 bataillons de grenadiers entre Caldiéro et Villanova, sur la grande route de Vérone à Vicence.

Corps détaché de Dawidowich destiné à passer l'Adige à Bonavigo.

Français.

Droite : Duhesme à droite de Vago.

Centre : Gardanne à Vago et devant Ca del Ara.

Gauche : Molitor face à San Zeno.

Réserve de 11 bataillons de grenadiers Partouneaux et division de cavalerie Espagne à Vago.

Extrême droite : division Verdier et division de cavalerie Pully à Zevio, destinée à franchir l'Adige à Persago.

EXPOSÉ SOMMAIRE DE LA BATAILLE

Les tirailleurs de Masséna enlèvent Ca del Ara, Caldérino, Caldiéro et Gambione. Les tirailleurs autrichiens renforcés reprennent Caldiéro. — 11 heures : ordre de Masséna d'attaquer les retranchements de l'archiduc. — Le prince de Reuss se porte au devant de la division Duhesme qui débouche de

Gambione, mais il est refoulé sur les retranchements. — L'archiduc, pour dégager sa gauche, porte son centre en avant. La division Gardanne refoulée perd Caldiéro. — Ce malheur oblige les divisions Duhesme et Molitor à se replier. — Masséna accourt avec la réserve à la Rotta, rétablit le combat et repousse le centre et la gauche de l'archiduc. — La coopération de Verdier fait défaut : elle eût été décisive en ce moment. — Un passage de l'Adige par Dawidowich à Bonavigo fait essuyer des pertes aux Français. — L'archiduc, instruit de la vaine tentative de Verdier, acquiert la certitude que la solution de la bataille n'est plus que dans la défense du front de ses positions. — Molitor reprend avec vigueur l'attaque de Colognola et d'Alta. — L'archiduc, pour dégager sa droite, rétablit le combat au centre avec sa réserve. — Violent combat autour de Caldiéro. — Il reste en équilibre. — Ce demi-succès permet à l'archiduc de détacher quelques renforts à sa droite. — Furieuse attaque de Molitor. — Simbschen, à l'aide de ces renforts, parvient à la repousser. — Masséna s'obstine autour de Caldiéro. — Le prince Hohenlohe Bartenstein, avec la dernière réserve, l'oblige à reculer sur Caldérino. — La nuit met fin à la bataille.

CONCLUSIONS DE GRANDE TACTIQUE

1° Les avancées d'une position doivent être défendues avec acharnement ;

2° Dans une bataille de front, si l'une des ailes de l'ennemi est enfoncée mais que son centre se maintienne, le succès n'est pas décisif, car le centre ennemi pourra prendre à revers le vainqueur de l'aile enfoncée et l'obliger à une prompte retraite ;

3° Dès qu'un mouvement tournant, tel que celui que Verdier devait exécuter, est signalé, il faut détacher de l'aile menacée des forces suffisantes pour le neutraliser. C'est ainsi que la division Nordmann à Zevio s'opposa à toutes les tentatives de Verdier dont les derrières furent en outre menacés par Dawidowich ;

4° Masséna avec les 11 bataillons de grenadiers de la division Partouneaux, l'archiduc avec sa réserve de 24 bataillons d'élite rétablirent successivement le combat en leur faveur à la Rotta et à Caldiéro. La réserve joua dans cette bataille un rôle de premier ordre : elle fut engagée de bonne heure par Masséna à cause de sa grande infériorité numérique, par l'archiduc en raison de la vigueur et de l'acharnement des Français ;

5° Masséna, pour repousser une partie du centre de l'archiduc composée de 8 bataillons formant une colonne serrée, semblable à celle des Anglais à Fontenoy, colonne qui s'était avancée irrésistible jusqu'à la Rotta, la fit battre en brèche par de l'artillerie, puis lança sur elle sa réserve : le succès fut complet ;

6° « L'archiduc avait atteint son but : Masséna ne pouvait « remplir le sien qu'en faisant tourner la position par son « aile droite : sa combinaison était juste, elle eût sans doute « réussi, mais il s'aperçut dès le commencement de l'action « que ses dispositions n'étaient pas exécutées (passage de « l'Adige par la division Verdier). Le vaillant capitaine vou- « lut en vain y suppléer par la vigueur de ses attaques réité- « rées. » (*Mathieu Dumas*).

7° Le duc de Raguse dit positivement : « Masséna a perdu la bataille. »

CONCLUSIONS RELATIVES A LA TACTIQUE DE L'INFANTERIE

Reculer est quelquefois nécessaire, mais il faut toujours le faire en ordre et rester constitué. C'est en se conformant à ce principe que les bataillons des divisions Duhesme et Gardanne, repoussés jusqu'à la Rotta, c'est-à-dire pendant 2 kilomètres, purent reprendre l'offensive lorsqu'ils eurent l'appui de la réserve.

CONCLUSIONS RELATIVES A L'ATTAQUE ET A LA DÉFENSE DES OUVRAGES DE FORTIFICATION PASSAGÈRE

Lorsqu'on occupe un système de retranchements ou de redoutes que l'ennemi n'attaque pas sur tous les points, il faut que les troupes placées dans les ouvrages non menacés en sortent pour prendre d'écharpe les colonnes d'attaque. C'est en appliquant ce principe que le général Simbschen repoussa toutes les attaques de la division Molitor sur les ouvrages de Colognola et d'Alta.

COMBAT DE CHIAVICO DEL CHRISTO

(31 octobre.)

Grande tactique. Le lendemain de la bataille, Masséna renouvela ses dispositions ayant pour but de tourner la gauche de l'archiduc : il chercha à en assurer cette fois l'exécution en dirigeant la division Duhesme, c'est-à-dire son aile droite à la rencontre de la division Verdier : la jonction de ces deux divisions devait s'opérer à la ferme de Gambione. — Le plan de Masséna échoua devant la sagacité du prince de Reuss commandant l'aile gauche autrichienne, qui porta sur Gambione des forces considérables. Il en résulta un long combat, qui empêcha jusqu'au soir la jonction des deux divisions françaises et en rendit l'effet illusoire.

Attaque et défense des ouvrages de fortification passagère. Le général Nordmann, vivement assailli par la division Duhesme à la redoute de Chiavico del Christo, point d'appui de gauche de l'archiduc, s'y maintint grâce à de fortes réserves de grenadiers.

DISPOSITIONS DE RETRAITE DE L'ARCHIDUC

Stratégie. L'archiduc, décidé à la retraite, fit, dès le 31, filer ses bagages, laissant son armée en position devant Masséna : premières dispositions qui étaient excellentes. Ce prince montra en outre des talents véritablement supérieurs en ordonnant à ses deux ailes de prendre l'offensive, son but en cela était de masquer sa retraite et de rendre les Français très-circonspects dans leur poursuite, en leur créant des inquiétudes sérieuses pour leurs ailes. A cet effet le général Vincent dut pousser son attaque sur Isola Porcarrizza, tandis qu'un corps détaché de Rosemberg dut, sous la conduite du général Hillinger, menacer Véronette.

Le centre, protégé par une forte arrière-garde, se mit en marche dans la nuit du 1er au 2 : cette arrière-garde, placée sous les ordres du feld-maréchal lieutenant de Frimont, occupa les ouvrages du champ de bataille de Caldiéro qui flanquaient la grande route de Vicence : elle devait rester à une marche en arrière du corps de bataille.

Toutes ces dispositions doivent servir de modèles.

CAPITULATION DE SAINT-LÉONARD
(2 novembre.)

Le général Hillinger, chargé d'inquiéter simplement la gauche de l'armée française, s'avança le 1er novembre à Pojano : il eût dû s'arrêter là. Exagérant ses instructions, qui ne lui prescrivaient qu'une feinte sur Vérone, il dépassa Pojano, s'éloignant imprudemment du corps de Rosemberg, dont il était détaché, et il arriva en vue de Vérone. Il fut bientôt entouré et réduit à mettre bas les armes, catastrophe due à ce qu'il ne comprit pas le but de sa mission.

COMBAT DE VICENCE
(3 novembre.)

L'archiduc fit occuper Vicence par quatre bataillons de grenadiers aux ordres du général Vogelsang. Son but, en défendant cette ville, était excellent et sa conduite est à imiter ; il voulait en effet donner à la division Frimont, qui soutenait la retraite depuis quatre jours et qui était très-fatiguée, le loisir de trouver au delà de Vicence un repos indispensable à sa mission, Il faut, dans les retraites, tenir compte des fatigues de l'arrière-garde, la relever ou la faire reposer tous les quatre ou cinq jours, si l'on veut être certain d'une protection efficace.

En ordonnant de défendre Vicence, l'archiduc avait encore un but, c'était celui de rallier ses deux ailes restées un peu en arrière par suite des diversions qu'elles étaient chargées d'opérer.

Gagner du temps par tous les moyens possibles est le grand art d'un chef d'arrière-garde. Le général Vogelsang, sommé dans Vicence, refusa, comme c'était son devoir, d'évacuer la ville ; il montra en outre de l'habileté en obtenant, par d'adroits pourparlers, une heure soi-disant nécessaire pour prendre les ordres de l'archiduc. Ce répit écoulé, il rompit toute négociation.

Dans les lieux habités qui possèdent, comme Vicence, une chemise murée, les portes sont les points faibles, car le canon en a raison au bout de quelques coups, tandis que l'obligation de faire brèche sur une partie de la muraille peut exiger beaucoup de temps. Il faut donc que le défenseur porte une attention spéciale à l'organisation de la défense des portes : 1° en créant devant elles un feu d'artillerie et de mousqueterie ; 2° en plaçant en arrière un grand tambour de terre et de fumier, dans lequel les projectiles ennemis puissent s'enfoncer. De fortes réserves se tiendront derrière ces tambours. Le général Vogelsang prit ces dispositions qui lui permirent de tenir tout un jour et d'opérer sa retraite pendant la nuit.

EXAMEN GÉNÉRAL DE CETTE PREMIÈRE PARTIE DE LA RETRAITE

Ce fut certainement, dit le général Mathieu-Dumas, une habile retraite. Il est juste d'en faire honneur à ce prince, et de faire remarquer combien il était difficile, en présence d'un adversaire tel que Masséna et presque encore entremêlé, de replier sur un seul point, de faire filer sans confusion sur une seule route une armée de 80,000 hommes qui, quelques heures auparavent, était répandue sur une ligne de front de 15 à 20 lieues.   *(Mathieu-Dumas.)*

Stratégie.

COMBAT DE SAN PIETRO ENGO

(4 novembre.)

Le général Frimont mit parfaitement à profit le terrain inondé et coupé de canaux de San Pietro Engo, pour le défendre, à l'instar d'un défilé. Il y lutta plusieurs heures, et permit ainsi à l'archiduc de franchir la Brenta avec toute son armée.

Grande tactique.

PASSAGE DE LA BRENTA

(5 novembre.)

La division d'avant-garde (division d'Espagne) traversa la Brenta à gué, chaque cavalier ayant en croupe un voltigeur.
    (Mathieu-Dumas.)

Ce moyen est à utiliser pour les gués trop profonds pour l'infanterie, et exposant à mouiller les armes et les munitions, qu'il n'est pas toujours commode de porter sur la tête.

COMBAT DU TAGLIAMENTO

(12 novembre.)

Il est des cas où une retraite bien ordonnée exige qu'on engage des forces supérieures à celles de son arrière-garde ordinaire et quelquefois même toute l'armée, afin de rendre,

Grande tactique.

par un succès local, l'ennemi plus circonspect. L'archiduc, en ordonnant de défendre sérieusement le passage du Tagliamento, suivit ce principe : la division Frimont, déjà grossie des quatre bataillons de grenadiers du général Vogelsang, fut encore renforcée de quatre régiments d'infanterie, de six régiments de cavalerie légère et d'une nombreuse artillerie.

Le prince resta de sa personne à Passeriano, pour diriger le combat qui dura jusqu'à la nuit, et qui permit au reste de l'armée de gagner une marche sur Palma Nova.

COMBAT DE GORIZZIA

(15 novembre.)

Grande tactique.

Même but que le combat de Tagliamento : il était urgent de ralentir la poursuite des Français, afin de permettre à l'armée autrichienne de franchir les montagnes du Hazberg, qui séparent l'Isonzo du Wipach, et d'atteindre le col de Priwald, par lequel l'archiduc devait gagner Laybach.

Les dispositions de Masséna consistèrent à attaquer de front le passage de l'Isonzo devant Gorizzia, tandis que trois divisions (Duhesme, Seras, Mermet) devaient franchir le fleuve près de son confluent avec le Wipach après le passage ; les divisions Duhesme et Mermet se dirigeant par Andrea avaient pour tâche d'attaquer le flanc gauche du général Frimont ; la division Seras devait se porter en même temps par Nerna sur la ligne de retraite des Autrichiens. Ces dispositions étaient bonnes : on peut toutefois leur reprocher un trop grand intervalle entre les divisions Duhesme et Seras, intervalle qui ne permit pas à cette dernière de soutenir les divisions Duhesme et Mermet, qui rencontrèrent une forte résistance à Saint-Andrea.

Le général Frimont constitua fortement son aile gauche et l'établit en crochet à Saint-Andrea ; il la plaça derrière d'anciennes redoutes qui furent utilisées habilement. Cette disposition lui permit de soutenir la fausse attaque de son front, et d'être sans crainte pour son flanc gauche et sa ligne de retraite. Il en résulta qu'il atteignit son but, qui était celui de gagner un jour et de permettre à l'archiduc d'occuper le col de Priwald.

MASSÉNA S'ARRÊTE SUR L'ISONZO

Après le combat de Gorizzia, Masséna jugea prudent de s'arrêter sur l'Isonzo, et se contenta de faire suivre quelque temps encore l'archiduc par son avant-garde renforcée. C'était habilement raisonner et tenir compte des circonstances; en effet, une escadre anglaise lui était signalée dans les parages de Livourne : c'était probablement la fameuse armée de débarquement rassemblée à tant de frais à Corfou.

En outre, ajoute Mathieu-Dumas, le pays où l'on allait s'engager (la Carniole et la Styrie) était montagneux, très-difficile : l'ennemi, à cause de la rigueur de la saison et de l'affection des habitants, devait y avoir tous les avantages. *(Mathieu-Dumas.)*

MARCHE DE L'ARMÉE AUTRICHIENNE DE PRIWALD
SUR LAYBACH

Dans le trajet de Priwald sur Laybach, l'armée autrichienne perdit beaucoup de soldats par l'abus de liqueurs fortes, toujours mortelles dans les hautes régions. *(Mathieu-Dumas.)*

LE GÉNÉRAL MARMONT INSTRUIT AVEC CERTITUDE DE LA
MARCHE ET DES FORCES DES ARCHIDUCS

Les espions se trouvent dans tous les rangs de la société; écoutons le duc de Raguse :

Le général Marmont avait avec lui le général Grouchy fait prisonnier à la bataille de Novi et conduit à Graetz par les Autrichiens. Le général Grouchy y avait donc résidé assez longtemps et beaucoup connu un nommé Haas placé à la tête d'une administration de bienfaisance et d'un hôpital. Cet homme, ennemi de la maison d'Autriche et révolutionnaire décidé, s'abandonnait à des rêves politiques et souhaitait un changement. Ses fonctions le mettaient en rapport journalier avec beaucoup de gens de la campagne : par son intermédiaire le général Marmont fut instruit chaque jour du lieu où étaient le quartier général de l'archiduc et la masse de ses troupes. (*Duc de Raguse.*)

COMBAT DE MARCELLI

(30 novembre.)

Grande tactique.

Le général Seras débusqua trois bataillons croates du col de Marcelli, en attaquant cette position de front en même temps qu'il la faisait tourner par Catna.

CAPITULATION DE CASTEL-FRANCO

(25 novembre.)

Stratégie.

On a vu que le prince de Rohan, après avoir enlevé Botzen aux faibles postes de la division Loison, avait cherché à rejoindre l'archiduc Jean : il apprit bientôt que ce prince avait lui-même opéré promptement sa retraite. Poursuivi par les troupes du maréchal Ney et instruit qu'un corps considérable de l'armée de Masséna marchait contre lui, menacé d'être entouré s'il continuait à se diriger vers l'est, il prit, dit Mathieu-Dumas, la résolution d'un homme de cœur, celle de déboucher sur Trente, Roveredo, Bassano, de culbuter tous les dépôts des Français qui devaient avoir peu de monde sur leurs derrières, de percer le corps de blocus de Venise et de se jeter dans cette place. (*Mathieu-Dumas.*)

Ecoutons ici le maréchal Gouvion Saint-Cyr :

La détermination du prince de Rohan est digne d'éloges, car s'il eût réussi, cette retraite serait citée entre les faits de guerre les plus remarquables. Parvenu à Castel-Franco, il n'avait plus que sept à huit heures de marche pour arriver sur les derrières de la gauche de la ligne française de blocus, et sans doute que son attaque combinée avec un effort de la garnison aurait couronné cette audacieuse entreprise. (*Gouvion Saint-Cyr.*)

QUATRIÈME PARTIE

DÉTERMINATION HABILE DE KUTUSOFF

Kutusoff, poursuivi par les corps de Bernadotte et de Mortier, instruit de la perte des ponts de Vienne, comprit la gravité de sa position. Il se détermina alors à porter à Hollabrünn, sur la route de Znaïm, une division de 6,000 hommes d'infanterie plus quelques escadrons, un gros de cosaques et quelques pièces légères sous les ordres du prince Bagration. Celui-ci avait ordre de tenir à tout prix Hollabrünn et d'y barrer la route aux Français qui venaient de Vienne, afin de permettre au gros de l'armée qui se repliait par Meissau et Schrattenthal sur Znaïm de ne pas être assailli sur son flanc droit. Lorsque l'armée aurait atteint Schrattenthal : le prince devait se retirer sur Znaïm par Schattau.

Les points vulnérables dans les retraites sont les flancs, et il faut les sauvegarder en sacrifiant même, s'il est nécessaire, des corps entiers envoyés d'avance sur des positions commandant les routes et les chemins qui donnent accès aux flancs. Kutusoff observa habilement ces principes, ainsi qu'il ressort de sa conduite et de son rapport, lequel se termine ainsi :

Quoique je visse le corps du prince Bagration exposé à une perte certaine, je dus me trouver heureux de pouvoir sauver l'armée en sacrifiant ce corps.

ÉTUDE DES ORDRES DU 14 NOVEMBRE

Petite tactique. L'Empereur sait qu'on se relâche dans le service; il désire donc que demain à quatre heures du matin vous soyez de votre personne au delà du pont, et que vous y restiez jusqu'à ce que le jour soit bien fait et que les reconnaissances soient rentrées et par conséquent le pays reconnu.   (*Lettre de Berthier au maréchal Davout.*)

Quand il y a du laissez-aller dans le service, surtout dans celui des avant-postes qui est si important, les généraux doivent veiller de leur personne à l'exécution de tous les détails.

Philosophie militaire. La négligence observée à Ulm dans le service des avant-postes par le chef d'escadron de Ségur chargé d'une mission auprès de Mack, celle qui frappa l'Empereur dans la tournée qu'il fit la nuit du 13 au 14 novembre, montrent que la Grande-Armée de 1805, quelque admirable qu'elle ait été dans les combats, contenait les germes d'une discipline relâchée. Cette légèreté dans l'accomplissement du service n'était pas d'ailleurs son seul défaut. L'esprit de maraude et de vagabondage qui prit dans les guerres d'Espagne et dans la campagne de Russie des proportions si énormes, détacha du drapeau, dans la campagne de 1805, un assez grand nombre de soldats. Les mémoires du général de Fezensac renferment à cet égard le passage suivant :

Les soldats allaient dans les villages pour y piller des vivres; lorsque le temps était mauvais, ils trouvaient tentant d'y rester. Aussi le nombre des soldats isolés qui parcouraient le pays devint-il considérable : les habitants en éprouvèrent des vexations de tous genres, et des officiers blessés qui voulaient rétablir l'ordre furent en butte aux menaces des maraudeurs. (*De Fezensac.*)

Et encore :

Cette courte campagne fut l'abrégé de celles qui suivirent : l'excès de fatigue, le manque de vivres, la rigueur de la saison, les désordres commis par les maraudeurs, rien n'y manqua. Tous ces détails sont inconnus de ceux qui lisent l'histoire de nos campagnes. (*De Fexensac.*)

Faites-moi connaître de suite où étaient toutes vos troupes à six heures du soir. L'intention de l'Empereur étant, avant de se coucher, de savoir si tout est en position.

(*Lettre de Berthier au maréchal Davout.*)

Excellente règle.

Les généraux de division et de brigade ne doivent pas rester dans Vienne et doivent être avec leurs troupes et se placer dans des maisons près des bivouacs ou des cantonnements et ne point venir dans la ville.   (*Lettre de Berthier au maréchal Davout.*)

Les troupes bivouaquées ou cantonnées à portée d'une ville ne doivent pas quitter un seul instant leurs bivouacs ou leurs cantonnements, si l'ennemi est ou peut être à proximité. L'exemple à cet égard doit venir d'en haut et sera d'autant plus efficace si cette dernière condition est satisfaite.

L'Empereur vous a écrit directement par un aide de camp qui est parti à dix heures du matin. Cet ordre est donc une espèce de duplicata, en cas qu'il arrive malheur à ce premier officier.

(*Lettre de Berthier au général Marmont.*)

Principe logistique fondamental.

Vous pouvez employer des moyens d'armistice, sous le prétexte que nous sommes en négociations et par là gagner du temps.

(*Lettre de Berthier au général Marmont.*)

Ainsi l'Empereur recommande au général Marmont d'employer les faux armistices pour gagner du temps; tout l'art consiste dès lors dans les conditions de l'armistice et surtout dans la durée des négociations et des ratifications qui y donnent lieu.

ARMISTICE DE HOLLABRUNN

(14 novembre.)

Le lendemain 15, Murat atteignit les Russes à Hollabrünn. Nos cavaliers, ardents à la poursuite, eurent bientôt refoulé l'ennemi et enlevé 100 voitures. Le prince Bagration voyant qu'il ne pourrait tenir assez pour garantir le flanc droit de l'armée eut recours au stratagème de la proposition d'un armistice : son but était uniquement de gagner du temps. Murat, qui venait d'employer avec tant de succès cette ruse de guerre aux ponts de Vienne, fut cette fois complétement joué par Bagration.

ÉTUDE DES ORDRES DU 15 NOVEMBRE

Grande tactique.

L'Empereur, monsieur le maréchal, est fâché que dans ce moment où le prince Murat et les maréchaux Lannes et Soult se battent à deux journées de Vienne, vous n'ayez pas encore fait passer le Danube à un seul homme. Vos soldats seront sans doute fâchés de n'avoir point toute la part qu'ils devraient avoir à la gloire de cette campagne.   *(Lettre de Berthier au maréchal Bernadotte.)*

L'exécution des ordres est le premier devoir militaire : lorsque des ordres de l'importance de ceux qui avaient été envoyés au maréchal Bernadotte (poursuite des Russes l'épée dans les reins sur la route de Krems à Neissau) ont été donnés, tout retard dans leur exécution devient une faute impardonnable : c'est alors qu'il faut prévoir et vaincre les obstacles de toute nature et réaliser l'impossible.

Logistique.

Faites beaucoup de patrouilles pour que les hommes isolés ou petits postes oubliés appartenant aux divisions Vandamme, Legrand, Oudinot et Suchet rejoignent sur-le-champ leur corps. Quand les divisions vont se battre, il faut que tous les hommes soient au drapeau.   *(Lettre de Berthier au maréchal Davout.)*

Des oublis peuvent être commis, des postes et des détachements laissés à tort en arrière : il importe qu'à l'approche d'une bataille les chefs d'état-major apportent toute leur attention sur ce point, afin de faire rejoindre tous les hommes absents au drapeau. Des patrouilles nombreuses assureront l'exécution de ce principe.

L'intention de l'Empereur est que dans chaque cercle il y ait un officier de gendarmerie et cinq ou six gendarmes français, plus cinq ou six gendarmes nationaux qui arrêteront les traînards.

(Lettre de Berthier au général Clarke.)

Il ne suffit pas de la gendarmerie qui suit l'armée pour empêcher la maraude et le vagabondage; il faut encore qu'un service puissamment organisé sur les derrières soit en mesure de mettre la main sur tous les traînards déserteurs de leur drapeau et véritable fléau pour les campagnes.

L'Empereur ordonne que vous mettiez un poste de cavalerie de six hommes à chaque poste aux chevaux pour la correspondance.

(Lettre de Berthier au prince Murat.)

Système des relais de correspondance.

L'ARMISTICE D'HOLLABRUNN PORTÉ A LA CONNAISSANCE DE NAPOLÉON

(16 novembre.)

Cet armistice fut sévèrement blâmé par Napoléon.

Philosophie militaire.

Il m'est impossible, écrivit-il à Murat, de trouver des termes pour vous exprimer mon mécontentement. Vous ne commandez que mon avant-garde et vous n'avez pas le droit de faire d'armistice sans mon ordre. Vous me faites perdre le fruit d'une campagne. Rompez l'armistice sur-le-champ et marchez à l'ennemi. Vous lui ferez déclarer que le général qui a signé cette capitulation n'avait point le droit de la faire, qu'il n'y a que l'empereur de Russie qui ait ce droit. Les officiers ne sont rien quand ils n'ont pas de pouvoirs. Les Autrichiens se sont laissé jouer pour le passage des ponts de Vienne, vous vous laissez jouer par un aide de camp de l'empereur. *(Lettre de Napoléon au prince Murat. — 16 novembre.)*

COMBAT D'HOLLABRUNN

(16 novembre.)

Les dispositions d'attaque prises par Murat furent bonnes : il assaillit la droite et le centre des Russes avec les divisions

Grande tactique.

Oudinot et Suchet, tandis qu'il faisait déborder leur droite par la division Legrand.

Le combat se prolongea dans l'obscurité : les Russes s'obstir ront à défendre le village de Grund où ils furent bientôt assaillis de tous côtés et où le combat devint une véritable boucherie. Une de leurs colonnes parvint à s'échapper au moyen d'un subterfuge : des officiers parlant français furent placés au premier rang ainsi que quelques prisonniers : à la sortie du village la colonne rencontra les Français : aussitôt les officiers russes de crier : « Nous sommes Français ! ne tirez pas. » Cette ruse réussit et la colonne put échapper, grâce à l'obscurité.

ÉTUDE DES ORDRES DU 16 NOVEMBRE

Stratégie.

L'intention de l'Empereur est que vous remettiez à un général bavarois le commandement de toutes les troupes qui sont dans le Tyrol. Du moment qu'il y aura 5,000 Bavarois dans le Tyrol, vous vous dirigerez sur Salzbourg. Arrivé à Salzbourg vous réunirez à votre corps d'armée tous les Bavarois inutiles à la garde du Tyrol. L'Empereur espère qu'avec ce renfort vous pourrez avoir de 4 à 5,000 hommes. L'intention de Sa Majesté est qu'avec ce renfort vous vous portiez sur Léoben.

(Lettre de Berthier au maréchal Ney.)

Le moment de décider la campagne approchait et il importait à Napoléon d'avoir sous la main le plus de forces possible, soit pour combattre les Russes, soit pour garantir ses flancs et ses derrières des tentatives de l'archiduc Charles. Le maréchal Augereau et une partie des Bavarois devaient suffire à garder le Tyrol, province dont la Bavière ambitionnait ardemment la possession : cependait Ney, Marmont et Masséna tiendraient l'archiduc en échec et sauvegarderaient le flanc droit de la Grande-Armée. Quant au flanc gauche, c'est-à-dire aux attaques qui pouvaient venir de la Bohême, où était l'archiduc Ferdinand, Napoléon l'avait préservé, ainsi qu'on le verra par l'examen des ordres du 20 novembre.

ÉTUDE DES ORDRES DU 18 NOVEMBRE

Il faut que votre cavalerie poursuive vigoureusement un convoi de 50 pièces d'artillerie et un convoi de 600 prisonniers français, qui se sont portés sur la route de Budwitz.

Logistique.

> (*Lettre de Berthier au maréchal Bernadotte.*)

Poursuivre et enlever les convois est un coup de main le plus souvent dévolu à la cavalerie et dans lequel quelques pièces légères lui seront très-utiles.

L'Empereur ordonne que vous fassiez enlever toutes les caisses pour le compte de l'armée. Vous ferez dresser procès-verbal et vous ferez verser les fonds dans la caisse de M. Labouillerie, receveur général des contributions.

Administration en campagne.

> (*Lettre de Berthier au maréchal Bernadotte.*)

Règles administratives à suivre et à appliquer.

ÉTUDE DES ORDRES DU 20 NOVEMBRE

L'Empereur ordonne, monsieur le maréchal, que vous fassiez occuper Iglau, de là vous ferez pousser des partis dans la Bohême.

Stratégie.

Vous disposerez votre armée de manière à ce que vous puissiez vous rendre à Brünn dans le moins de temps possible. Il faut qu'une de vos divisions, par une marche forcée, puisse s'y rendre dans un jour, la deuxième en deux jours, la troisième en trois jours ainsi que tout le reste de votre corps d'armée.

> (*Lettre de Berthier au maréchal Bernadotte.*)

Le maréchal plaça à Iglau de Wrède avec deux divisions bavaroises et les Wurtembergeois : ses trois divisions furent disposées de manière à remplir le double but de soutenir de Wrède contre une attaque venant de la Bohême et de participer à une bataille du côté de Brünn.

Être prêt pour tous les cas particuliers, tel est le grand art.

Logistique.   Je vous donne l'ordre de faire mettre un maréchal des logis et six hommes à chaque poste aux chevaux depuis Budwitz jusqu'à Brünn. Ils auront soin de faire respecter les postes et de leur servir de sauvegarde et serviront à la correspondance.

(Lettre de Berthier au maréchal Bernadotte.)

Règle à suivre pour conserver et utiliser toutes les ressources de correspondance d'un pays.

Administration en campagne.   Vous nourrirez votre armée par la Bohême et par le cercle d'Iglau. ¡Faites faire une espèce de statistique du cercle d'Iglau, afin de connaître les ressources de chaque ville et bourg de ce pays.   *(Lettre de Berthier au maréchal Bernadotte.)*

C'est le seul moyen de faire d'une manière utile et praticable les réquisitions.

Grande tactique.   L'Empereur vous recommande bien, monsieur le maréchal, de faire prendre les armes à vos troupes à la pointe du jour, jusqu'à ce que les reconnaissances soient rentrées.

(Lettre de Berthier au maréchal Soult.)

Le principe de mettre les troupes sous les armes et de les y tenir jusqu'à la rentrée des reconnaissances, est une règle tactique à laquelle l'Empereur attachait une très-grande importance et qu'il renouvelle ici.

LA PLACE DE BRUNN TOMBE AUX MAINS
DES FRANÇAIS

Stratégie.   Napoléon arriva de Vienne à Hollabrünn le soir du combat (16 novembre) : le 17 il se porta à Znaïm, le 19 à Pohrlitz, poussant sur Brünn les arrière-gardes ennemies.

Il importait de ne pas laisser aux austro-russes le temps de s'approvisionner des ressources de cette place. Napoléon obtint ce résultat par un mouvement aussi simple que savant : il dirigea en effet le corps du maréchal Soult par Auertschitz sur Austerlitz. Par cette position latérale l'armée française menaçait d'intercepter la route de Brünn à Olmutz :

ce mouvement décisif nécessita l'évacuation précipitée de
Brünn. Si cette place et la citadelle qui lui sert d'appui
avaient été mises en état de défense, les Français n'auraient
pu y pénétrer sans un siége ni profiter des ressources que le
défaut de temps empêchait d'évacuer. La place n'était pas
armée, les Français y entrèrent sans coup férir : ils y trouvèrent 4,000 barils de farine, des magasins de vivres et de
munitions considérables, plus 60 pièces de canon qu'une in-
curie sans exemple avait négligé de mettre en batterie.

Les places fortes ont un double but : 1° celui d'affaiblir
l'ennemi en l'obligeant à détacher des corps considérables
pour les investir ou les bloquer ; 2° celui de renfermer les
approvisionnements de réserve des armées qui combattent à
leur portée et s'appuyent sur elles. C'est donc un principe
élémentaire que de les tenir toujours en parfait état de défense et à l'abri d'un coup de main. L'état-major autrichien
le négligea complétement. Il en résulta que les rôles furent
renversés et que ce fut l'armée française qui tira des magasins de Brünn tout ce dont elle avait besoin pendant le reste
de la campagne.

COMBAT DE POSORITZ

(20 novembre.)

Un escadron du 11° dragons français ayant prêté le flanc
fut chargé par les dragons et les cuirassiers russes et enfoncé : il perdit l'aigle du régiment.

Tactique
de la cavalerie.

POSITIONS GÉNÉRALES ET FORCE DES BELLIGÉRANTS
A LA DATE DU 20 NOVEMBRE

Avant d'examiner la conduite stratégique qu'avaient à
tenir les deux armées, il est nécessaire de considérer la force
et les positions générales des belligérants réellement en présence.

Coalisés

Corps de Bohême commandé par l'archiduc Ferdinand à Czaslau : 25,000 hommes.

Grande armée austro-russe à Wischau entre Olmutz et Brünn, et sur la Morawa et comprenant :

Corps du prince Bagration, de Buxhowden, du prince Jean de Lichtenstein : 68,000 hommes.

En marche sur Olmutz : corps de Benningsen et du grand-duc Constantin (garde impériale) : 24,000 hommes.

Total de la Grande-Armée : 92,000 hommes.

Armée d'Italie (archiducs Charles et Jean) en marche de Mahrbourg sur la Hongrie : 70,000 hommes.

Dans Venise : 18,000 hommes.

Brigade de Rohan coupée de l'archiduc Jean, vers Bassano, cherchant à entrer dans Venise : 6,000 hommes.

Corps anglo-russe de Corfou (général Lascy) à Naples : 18,000 hommes.

Total général : 229,000 hommes.

Français

(Grande - Armée.)

En avant de Brünn : corps de Soult, de Lannes, de Murat, division Oudinot et une division du corps de Davout : 38,000 hommes.

Garde impériale : 7,000 hommes.

Total : 45,000 hommes.

A Iglau : corps de Bernadotte : 28,000.

A Presbourg : corps de Davout : 15,000.

A Vienne : corps de Mortier et division de dragons à pied : 16,000.

A Léoben : corps de Marmont : 15,000.

Dans le Tyrol : corps de Ney et une division bavaroise : 20,000.

Sur le Lech : corps d'Augereau : 15,000.

Total : 154,000 hommes.

Armée d'Italie (Masséna) sur l'Isonzo avec avant-garde sur Laybach : 40,000 hommes.

Armée de Naples (Gouvion Saint-Cyr) devant Venise : 20,000 hommes.

Total en Italie : 60,000 hommes.

Total général : 217,000 hommes.

POSITION DES COALISÉS EN AVANT D'OLMUTZ

(23 novembre.)

Après le combat du 20, les austro-russes rétrogradèrent sur Olmutz et prirent position à Ollschau, entre la Blatta et la Morawa, la droite à Tobolau, la gauche appuyée à la Morawa. Cette position était excellente sous tous les rapports : au point de vue tactique elle présentait une ligne de hauteurs découvertes et en pente douce, d'une surveillance facile et très-favorable au tir des batteries : la droite était couverte par un marais, le front par la Blatta, la gauche par la Morawa. L'objection de présenter une rivière à dos tombait devant la distance moyenne de deux lieues qui séparait l'armée de la Morawa et dans l'appui invulnérable de la place d'Olmutz : d'autres ponts avaient été jetés derrière la droite et derrière la gauche ; la nature accidentée du terrain permettait d'ailleurs une défense pied à pied et achevait d'assurer la retraite. Ces avantages n'étaient pas les seuls ; à 5 ou 600 mètres en effet du front étaient des ravins spacieux propres à recevoir une très-grande partie de l'armée, à la tenir défilée du combat d'artillerie et à la faire manœuvrer sur les ailes, sans être vue. A ces propriétés tactiques ajoutons les ressources des magasins d'Olmutz.

SEUL PLAN QUE LES COALISÉS AVAIENT A SUIVRE

Stratégie.

Le seul plan à suivre par les coalisés était de profiter de l'excellence de cette position pour y gagner le temps nécessaire à assurer la jonction avec les archiducs. Cette jonction présentant une masse de 162,000 hommes, permettait aux austro-russes de transporter en Hongrie le théâtre de la guerre et d'y livrer une grande bataille pour reconquérir Vienne. Napoléon eût donc été obligé de les suivre après avoir appelé à lui toutes ses forces, ce qui plaçait son flanc gauche et même ses derrières à la merci de l'archiduc Ferdinand et surtout de l'armée prussienne, dont la coopération était imminente. Il était donc obligé de laisser de ce côté une notable partie de son armée.

Les coalisés connaissaient d'ailleurs le revirement politique opéré à Naples et savaient, bien avant Napoléon, qu'il ne pouvait compter que sur une partie des forces de Masséna et de Ney.

Si l'on ajoute à ces considérations l'appauvrissement de la Moravie par le passage et le séjour de l'armée austro-russe et les immenses ressources que présentait la Hongrie pour la fin de la campagne, on reconnaîtra que le seul plan raisonnable était de rester dans la position d'Olmutz, puis d'en sortir pour se porter en Hongrie à la rencontre des archiducs et livrer ensuite une bataille décisive pour laquelle Napoléon ne pourrait pas disposer de plus de 100,000 hommes.

CONSEIL DE GUERRE TENU A OLMUTZ

(23 novembre.)

Stratégie.

Tel ne fut cependant pas le plan des coalisés. Un conseil de guerre tenu à Olmutz rejeta toute idée de temporisation : les sages avis des officiers prévalent, et il y en avait de nombreux dans l'état-major austro-russe, tombèrent devant l'influence du prince Dolgorouki et du général Weirother sur l'esprit de l'Empereur Alexandre. Quant à l'Empereur d'Autriche, il avait le cœur ulcéré par les revers de ses armées et par les propos que de jeunes courtisans se permettaient presque autour de lui à l'égard de ses troupes : tantôt négociant, tantôt animé du désir de se relever par les armes il adopta la solution d'une bataille immédiate qui prouvât le plus tôt possible que ses soldats n'étaient point des lâches, comme le disait la coterie russe.

Ainsi, l'excellence de la position d'Olmutz, la jonction avec les archiducs, le parti immédiat que l'on devait tirer du voisinage de l'archiduc Ferdinand en le renforçant pour agir vigoureusement sur le flanc des Français, l'entrée en ligne de la Prusse qu'une sage temporisation devait infailliblement amener, tout fut sacrifié à la pétulance de quelques courtisans militaires.

Le mouvement en avant fut résolu pour le 25 novembre, puis pour le 27 à cause de l'insuffisance des réquisitions qui avaient été faites.

PLAN PROFOND DE NAPOLÉON

Napoléon avait parfaitement pesé la situation et compris le danger de suivre les coalisés en Hongrie. Prendre l'offensive contre la position d'Olmutz eût été vicieux : il n'eût pu le faire qu'avec 70,000 hommes tout au plus, obligé qu'il était de laisser du monde à Iglau contre l'archiduc Ferdinand, une forte partie du corps de Davout vers Presbourg et celui de Marmont à Léoben pour contenir les archiducs. La position d'Olmutz, très-forte, ainsi qu'on l'a vu, était défendue par 90,000 hommes, il pouvait échouer contre elle et cet échec entraînerait immédiatement la Prusse à jeter 150,000 hommes sur les derrières de l'armée. Rester immobile avait un immense inconvénient, car l'inaction absolue décèlerait l'impuissance, et déciderait certainement la

Prusse que de rapides et éclatants succès avaient seuls contenue jusqu'ici.

Il ne fallait donc ni prendre l'offensive, ni rester en position : la chance la plus favorable pour Napoléon était une bataille immédiate hors de la position d'Olmutz, car cette bataille il pouvait la livrer avec 70,000 hommes contre 90,000, proportion numérique admissible, et il lui était même possible de la perdre sans danger, car la Prusse, malgré son ultimatum, n'était pas en position de rendre la retraite désastreuse. Si au contraire il la gagnait, la campagne était décidée par ce nouveau coup de tonnerre digne complément des prodiges d'Ulm. Ajoutons que le transport de la guerre en Hongrie était ce qu'il y avait de plus défavorable à Napoléon, qu'il était décidé pour ce cas à se concentrer à Vienne et à attendre dans les environs de cette capitale une bataille que l'attitude de la Prusse l'empêchait d'aller livrer en Hongrie.

Comment arriver à livrer une bataille immédiate en dehors de la position d'Olmutz? Là était la difficulté, là fut le génie.

Pour résoudre le problème, Napoléon prit le parti de rester quelques jours inactif, pendant lesquels il parlerait de retraite, entamerait même des négociations, démarche qui devait suffire pour entraîner ses bouillants adversaires à prendre sur-le-champ l'offensive. Ce résultat obtenu, c'est-à-dire les coalisés étant sortis de leur position, il reculerait graduellement, les attirant par une circonspection exagérée, les éloignant d'Olmutz, prêt à se retourner pour les combattre sur un terrain favorable, et à profiter des fautes qu'ils pouvaient commettre. En un mot « feindre de craindre, dit Mathieu-Dumas, ce qu'il souhaitait ardemment, » c'est-à-dire une bataille immédiate, tel fut le plan profond de Napoléon et sur la réalisation duquel il régla toute sa conduite militaire et politique.

ÉTUDE DES ORDRES DU 22 NOVEMBRE

Laissez un corps d'observation devant Venise, laissez-en un autre devant Palma-Nova et poursuivez l'ennemi l'épée dans les reins, afin qu'il ne puisse pas se jeter sur nous, étant au moment de nous trouver en présence de toutes les forces de l'armée russe.

L'Empereur attend avec la plus grande impatience l'arrivée de vos troupes à Laybach et à Grätz, parce que, dans cette position, vous contiendrez le prince Charles et l'empêcherez de venir par le Danube à hauteur de Vienne par la Hongrie.

S'il faisait cette manœuvre, vous auriez le temps d'attendre des ordres soit pour vous porter en Hongrie, soit pour vous rapprocher de la Grande-Armée.

(*Lettre de Berthier au maréchal Masséna.*)

Il fallait bien admettre le cas où l'espoir de livrer une bataille immédiate serait déçu; c'est ce que fit Napoléon dans ces instructions qui avaient pour but d'appeler à lui Masséna pour le cas où les coalisés transporteraient la guerre en Hongrie, et pour celui où la Prusse entrerait en ligne, circonstances qui rendraient indispensable la concentration à Vienne de toutes les forces.

ÉTUDE DES ORDRES DU 23 NOVEMBRE

L'Empereur, monsieur le maréchal, vous ordonne de vous porter avec votre corps français à Iglau pour le laisser reposer, mais il vous autorise à employer le corps bavarois et votre cavalerie comme vous le jugerez à propos, d'abord pour occuper Kolin et pour faire tout le mal possible à l'ennemi. Mais votre infanterie française doit se reposer pour être prête à se porter sur Brünn ou sur Olmutz, si le cas l'exigeait.   (*Lettre de Berthier au maréchal Bernadotte.*)

Dix-huit lieues séparent Iglau de Brünn, soit deux marches : Napoléon pouvait donc, dès qu'une rencontre sérieuse en avant de Brünn serait imminente, appeler à lui les 15,000 Français de Bernadotte, appliquant ainsi le principe fondamental : *se concentrer pour combattre.*

Sa Majesté voudrait faire embarquer sur un convoi de cent barques tout ce qu'il y a de précieux dans l'arsenal de Vienne et le faire diriger sur Passau avec une forte escorte. L'Empereur désire que vous lui présentiez un mémoire qui lui fasse connaître ce que vous placerez sur les cent barques, combien de jours il faudrait pour arriver à Passau, quelle espèce de moyen il faut prendre pour les hallages, combien d'hommes de corvée il faudrait pour faire cet embarquement dans le moindre délai possible, au plus sous huit jours. *(Lettre de Berthier au général Songis.)*

Données sur lesquelles un officier doit s'exercer en temps de paix afin d'avoir en campagne des chiffres moyens et une bonne base qui permette d'activer les opérations.

L'Empereur ordonne, monsieur l'intendant général, que le fort de Spilberg à Brünn soit armé et sur-le-champ approvisionné pour au moins 1,000 hommes pendant trois mois. Il faut réunir dans les magasins tous les approvisionnements épars, en former un pour les vivres et principalement un, le plus considérable qu'il soit possible, pour les fourrages. Il faut établir un hôpital et s'emparer des magasins d'habillement, de chaussures, de souliers, et il y en a une grande quantité à Brünn, sous la dénomination de magasins d'économie, appartenant à l'armée autrichienne.
(Lettre de Berthier à l'intendant général Petiet.)

Les places fortes, mises en parfait état d'entretien et armées, constituent les meilleurs centres administratifs, soit sur la base principale, soit sur les bases mobiles d'opérations.

L'intention de l'Empereur est que tout ce qui peut être dû aux soldats jusqu'au 1er frimaire (22 novembre) soit payé dans le délai de huit jours, et que MM. les officiers soient payés de ce qui leur est dû et de leur solde jusqu'au 1er nivôse (21 décembre). Tous les payements se feront en papier de la banque de Vienne. Il faut voir avec M. Daru si l'on ne doit pas tenir compte aux officiers et soldats de la perte du papier, ce qui paraît de toute justice.
(Lettre de Berthier à l'intendant général Petiet.)

Assurer la régularité de la solde est le premier devoir de l'administration après qu'elle a pourvu aux services des vivres et des ambulances. Si elle doit avoir recours au papier,

elle veillera à ce que l'armée n'ait pas à supporter la dépré-
ciation qu'il peut avoir à subir.

POSITIONS DES FRANÇAIS AUTOUR DE BRUNN

(26 novembre.)

Le 26, Napoléon avait directement sous la main :   Stratégie.

Murat, à Rausnitz, ayant en avant-garde la brigade Treil-
hard à Wischau. . . . .   6,000 hommes.
Soult, à Austerlitz.   20,000   —
Division Oudinot, à Bellowitz.   4,000   —
Division Caffarelli, détachée du corps
    de Davout, à Pohrlitz.   5,000   —
Lannes, à Bosenitz, avec la seule divi-
    sion Suchet.   7,000   —
La garde, en avant de Bellowitz, à la
    grange de Grandia   7,000   —
        Total. . . . .   49,000 hommes.

Ces 49,000 hommes étaient un noyau suffisant pour résister à un premier choc : il pouvait s'augmenter en deux
jours :

1° De la division Friant, du corps de
    Davout, à Nicolsbourg . . . .   6,000 hommes.
2° De la division de dragons Bourcier,
    à Wolkersdorf.   1,400   —
3° Du corps de Bernadotte (divisions
    françaises), à Iglau.   15,000   —
        Total. . . . .   22,400 hommes.

Ce qui portait à 71,400 hommes les forces dont Napoléon
pouvait disposer : il était donc prêt pour une bataille immédiate.

VIGILANCE DE NAPOLÉON

Les coalisés, s'ils sortaient de leur position d'Olmutz, pouvaient soit attaquer de front par la route d'Olmutz à Brünn, soit manœuvrer à l'abri de la ligne de la Morawa pour venir déboucher au-dessous du confluent de la Morawa et de la Taya, marcher sur Nicolsbourg et couper Napoléon de Vienne.

Ces deux seules hypothèses étaient à faire, car l'ennemi n'avait aucun intérêt à attaquer la gauche de Napoléon, entreprise qui l'aurait engagé sans profit dans le difficile contre-fort entre Zwitawa et Biatta. Napoléon, attachant une extrême importance à la seconde hypothèse, ordonna au maréchal Soult d'éclairer le flanc droit à une grande distance.

Le maréchal chargea de ce soin le colonel Franceschi, commandant le 8e hussards. Cet habile et vigoureux officier s'avança en partisan au delà de la Morawa jusque vers Prérau, éclairant tout le pays entre Goeding, Hradisch et Prérau.

Avec quatre cents cavaliers, le colonel Franceschi surveilla une zone de quinze lieues, réalisant l'application du principe fondamental des partisans, c'est-à-dire celui de l'ubiquité, et mettant en défaut la nombreuse cavalerie que l'ennemi avait sur la rive gauche de la Morawa.

ÉTUDE DES ORDRES DU 26 NOVEMBRE

Tous les jours vos troupes doivent être avant le jour sous les armes dans leurs cantonnements, car l'Empereur ne suppose pas qu'elles soient en ville, et vous et vos officiers d'état-major devez être à cheval pour recevoir les rapports.

(Lettre de Berthier au maréchal Davout.)

Règles qui doivent servir de modèles et qui trop souvent ont été négligées.

L'Empereur me charge de vous communiquer, monsieur le maréchal, ses idées sur l'ordre de bataille qu'il faut prendre vis-à-vis des Russes; cet ordre de bataille devra, autant que faire se pourra, être pris de la manière suivante :

Chaque brigade, son 1ᵉʳ régiment en bataille, le 2ᵉ régiment en colonne serrée par division, ayant son 1ᵉʳ bataillon à la droite et en arrière du 1ᵉʳ bataillon du 1ᵉʳ régiment, son 2ᵉ bataillon à gauche et en arrière du 2ᵉ bataillon.

L'artillerie, dans l'intervalle des deux bataillons qui sont en bataille, et quelques pièces à droite et à gauche.

Si la division a un 5ᵉ régiment, il devra être en réserve à cent pas en arrière de la deuxième ligne.

Un escadron ou au moins une division de cavalerie derrière chaque brigade pour pouvoir passer par les intervalles, pour suivre l'ennemi s'il était rompu et faire face aux cosaques.

Dans cet ordre de bataille, vous vous trouverez dans le cas d'opposer à l'ennemi le feu de la ligne et des colonnes serrées toutes formées pour opposer aux siennes.

(Lettre de Berthier aux maréchaux Soult et Bernadotte.)

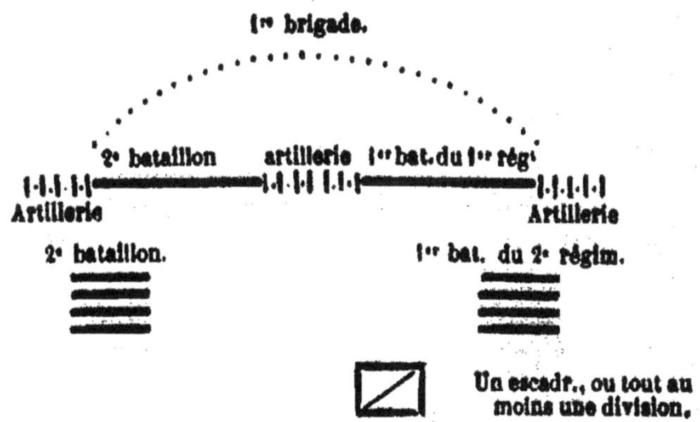

En disant que la tactique change tous les dix ans, Napoléon a voulu parler de cette partie de la tactique qui traite de la formation des troupes sur le champ de bataille. Celle-ci, en effet, varie avec l'effet utile des armes à feu employées et surtout avec le mode de combattre de son ennemi. C'est en étudiant pendant la paix, avec une scrupuleuse attention, le mode habituel de combattre d'une armée, ses règlements de manœuvre en un mot, puis en observant, dès le début des hostilités, la formation que l'ennemi semble préférer, qu'un général habile conclut sa propre formation.

Les engagements que l'on avait eus avec les Russes dénotaient chez eux l'emploi presque constant de colonnes profondes précédées d'une nombreuse cavalerie légère. A cette cavalerie, Napoléon opposa le feu des tirailleurs, celui des bataillons de la première ligne et, au besoin, celui de leurs carrés obliques ; aux colonnes profondes, il destina le boulet, l'obus, puis la mitraille de fortes batteries placées dans les intervalles des bataillons de la première ligne ; s'il était nécessaire, des bataillons, formés en colonne serrée par division et composant la deuxième ligne, devaient se jeter à la baïonnette sur les colonnes ennemies. Enfin, un escadron par brigade devait être prêt à se lancer à la poursuite ou à faire face aux téméraires allures des cosaques.

Tactique de l'infanterie.

L'intention de l'Empereur est de donner quelques moments de repos à l'armée. Les chefs de corps doivent en profiter pour faire réparer l'habillement, la chaussure, nettoyer les armes et rallier leur monde. L'Empereur ordonne que tous les hommes aient leur baïonnette qui fut toujours l'arme favorite du soldat français.

(Ordre du jour du 26 novembre.)

Détails qui en tout temps appellent la sollicitude des chefs de corps, surtout de ceux de l'infanterie et qui s'imposent avec tout le poids de leur importance pendant les armistices, les quartiers d'hiver, les cantonnements, dans les postes en seconde ligne et en général dans tous les moments de répit que peut donner la guerre.

Philosophie militaire.

Les chefs de corps auront soin de faire un état des traînards qui, sans cause légitime, sont restés sur les derrières. Ils recommanderont aux soldats de leur en faire honte, car dans une armée française, la plus forte punition pour celui qui reste en arrière, est la honte qui lui est faite par ses camarades.

(Ordre du jour du 26 novembre.)

Les moyens moraux sont donc jugés ici comme les plus

...ca es pour faire serrer le drapeau : ils doivent être employés par les soldats eux-mêmes et n'appeler l'intervention du chef que lorsque le puissant levier de l'amour-propre n'a pu être appliqué avec succès.

MARCHE DES COALISÉS

(27 novembre.)

Les austro-russes se portèrent en avant, le 27, sans autre plan que celui de heurter les Français là où on les rencontrerait. Kutusoff marcha par échelons l'aile droite en avant : son mouvement fut couvert par son avant-garde qui resta en position à Wischau.

Cette marche, considérée au point de vue tactique, montre que l'avant-garde n'est pas toujours destinée à marcher, que sa mission consiste quelquefois à servir de rideau à une armée ou à un corps d'armée en mouvement. Principe que l'article 134 de l'ordonnance du 3 mai 1832 pose clairement en disant : « L'avant-garde occupe en avançant tous les points qui peuvent couvrir ou faciliter la marche des troupes. »

DOUBLE COMBAT DE WISCHAU ET DE RAUSNITZ

(27 novembre.)

Le double combat de Wischau et de Rausnitz est un chef-d'œuvre du génie de Napoléon : il ne fut par lui même qu'une action peu importante, mais il exerça sur l'état-major austro-russe une influence immense et profondément calculée.

Napoléon attaqué, avait résisté avec vigueur, mais il n'avait pu soutenir à temps son avant-garde qui avait été refoulée : la conclusion à en tirer était qu'il n'était pas prêt à livrer bataille, qu'il se mettait en retraite et que l'on n'avait eu affaire en réalité qu'à son arrière-garde. Cette retraite devait être dirigée sur Vienne, c'est-à-dire sur les 40,000 hommes qu'il avait laissés à Vienne et à Léoben : une retraite sur

Brünn et la Bohême n'était pas admissible, car elle eût sacri-fié ces derniers. Admettant, pour ainsi dire les yeux fermés, l'hypothèse de la retraite de Napoléon et d'une retraite sur Vienne, l'état-major austro-russe fut dominé par une idée juste, celle de couper cette retraite en prévenant les Français à Nicolsbourg. La précipitation de la marche de ces derniers après les combats de Wischau et de Rausnitz montrait que ce résultat serait atteint sans bataille et que Napoléon se con-tenterait d'opposer aux coalisés de fortes arrière-gardes : selon ceux-ci, livrer une bataille générale vers Brünn eût été de la part des Français une imprudence, car, en cas d'insuccès, ils étaient rejetés sur la Bohême et irrévocablement coupés de Vienne.

Ainsi la question semblait être une affaire de vitesse : il s'agissait d'arriver avant Napoléon à Nicolsbourg.

Cette combinaison de marcher sur Nicolsbourg était bonne, mais elle eût dû être prise à Olmutz et exécutée dès le départ, loin des yeux si profondément observateurs de Napoléon : dessinée devant lui, elle allait lui livrer le plan de ses enne-mis.

L'effet moral des combats de Wischau et de Rausnitz fut tel qu'on ne prit plus la peine de cacher son plan et qu'on résolut, dans l'état-major des coalisés, de gagner Nicolsbourg en partant de Rausnitz, par la route transversale d'Austerlitz, de Gross Nemchitz, d'Auertschitz, de Tzacht et de Wisternitz.

Pour être maître de cette route, il suffisait de chasser les Français de la position d'Austerlitz : alors on était sûr d'arri-ver avant eux à Nicolsbourg, car on n'avait plus à parcourir que l'un des côtés du triangle dont Napoléon allait décrire les deux autres côtés, savoir : 1° celui de Posoritz Brünn ou Austerlitz Gross-Raygern ; 2° celui de Brünn ou de Gross-Raygern à Nicolsbourg par Pohrlitz.

Le plus ou le moins de résistance qu'on rencontrerait à Austerlitz démontrerait si Napoléon voulait y livrer bataille (ce que l'on était bien loin de penser et pour des motifs justes) où s'il exécutait une marche forcée sur Nicolsbourg, hypothèse qui était conforme aux principes.

Napoléon examina et pesa tous les plans qui se présentaient à ses ennemis : attribuant une grande part de leur détermination à l'effet moral qu'ils devaient avoir ressenti de la journée du 26 et de sa retraite sur Posoritz, il résolut, par une nouvelle marche rétrograde, de prolonger le piège dans lequel il avait amené l'état-major austro-russe, afin de l'empêcher de se raviser et de revenir vers Olmutz pour attendre l'arrivée des archiducs à portée de l'armée de Moravie. A cet effet, il ordonna l'évacuation d'Austerlitz par le maréchal Soult : résolution profondément habile, qui allait montrer si les coalisés avaient le dessein de marcher sur Nicolsbourg et qui était de nature à leur en inspirer le désir. Le plan de ses ennemis, une fois dévoilé, il suffisait à Napoléon de prendre une position qui les empêchât de déboucher d'Austerlitz et qui garantît ainsi ses communications avec Vienne.

ÉTUDE DES ORDRES DU 28 NOVEMBRE

Prévenir les colonels qu'il y aura demain bataille : partir sur-le-champ avec tout son monde : se rendre à Brünn, y arriver à sept heures : il est à présumer qu'on se battra à huit.

(Lettre de Berthier aux généraux Caffarelli, Bourcier et Klein.)

Il paraît certain, monsieur le maréchal, que nous aurons demain une grande bataille au delà de Brünn. Sa Majesté ordonne que vous partiez sur-le-champ avec vos troupes, pour vous porter à grandes marches sur Brünn.

(Lettre de Berthier aux maréchaux Davout et Bernadotte.)

La marche en avant des coalisés avait continué le 28, mais sans dessiner un mouvement accentué sur leur gauche. Napoléon ne pouvait donc conclure que la certitude d'une bataille très-prochaine, sans être fixé sur le lieu précis où elle serait livrée. Dans ces conditions, le premier devoir était une

Stratégie.

concentration de toutes les forces pouvant assister à cette action décisive : les ordres donnés le 28 eurent ce but.

Supposant une bataille pour le 29 au matin, ils ne pouvaient réaliser pour ce jour que l'arrivée d'une division de Bernadotte : car, donnés à 8 heures du soir, ils ne devaient parvenir que vers minuit à la division la plus proche du corps de ce maréchal. L'arrivée de cette division porterait à 50,000 hommes environ les forces de Napoléon, nombre accru pendant l'action de 5,000 autres constituant la deuxième division du maréchal. Avec ces 55,000 hommes il était possible de lutter si les coalisés attaquaient le 29 ; s'ils remettaient au 30, Napoléon était renforcé de la 3ᵉ division de Bernadotte, ce qui lui donnait 60,000 hommes : enfin, si la bataille n'avait lieu que le 2, il pouvait compter sur les 7,400 hommes des divisions Friant et Bourcier, le maréchal Davout n'ayant pu recevoir les ordres que dans la nuit du 29 au 30.

La division Gudin et la division de dragons Klein placées à Presbourg n'avaient point été exceptées, le maréchal Davout ayant l'ordre de porter tout son corps à marches forcées sur Brünn. Ces deux divisions, que l'état des choses en Hongrie permettait d'appeler à la concentration, n'arrivèrent il est vrai que le 3 à Nicolsbourg ; mais leur appoint n'était pas indispensable pour la bataille elle-même ; par leur position à Nicolsbourg le 3, elles formaient, pour les corps de Mortier et de Marmont, une excellente avant-garde tenant ces derniers parfaitement au courant des événements qui allaient s'accomplir. Ainsi ces divisions n'étaient pas indispensables au succès, et elles étaient d'une très-grande utilité en cas d'échec.

Le 28 au soir, Napoléon fit donner l'ordre au maréchal Soult d'évacuer la petite ville d'Austerlitz et le plateau de Pratzen pour se retirer derrière la ligne du Goldbach : ordre d'une immense importance, car, ainsi qu'on l'a fait déjà remarquer, Napoléon allait s'assurer si les coalisés avaient bien pour plan de le couper de Vienne, opération qui nécessitait l'occupation d'Austerlitz et des hauteurs qui l'entourent.

N'emmener aucun bagage : envoyer près du major général, et à l'avance, un aide de camp pour recevoir ses ordres sur les dernières dispositions.

(Lettre de Berthier aux généraux Caffarelli, Bourcier et Klein.)

Vous aurez vos armes en bon état, des cartouches, votre artillerie, et point d'embarras de bagages.

(Lettre de Berthier aux maréchaux Davout et Bernadotte.)

Les bagages doivent être au moins à une demi-marche du champ de bataille : l'état des armes et des munitions qui doit être une préoccupation constante des chefs de corps doit appeler rigoureusement l'attention des généraux aux approches d'une action.

Il est enfin très-utile que chaque commandant de corps d'armée, en arrivant sur le théâtre de la lutte, envoie un officier de son état-major auprès du chef d'état-major général.

En partant de Brünn, vous passerez par Znaïm, Krems, Moelk, Lintz, Brannau et Munich. Vous m'écrirez en détail de chacun de ces endroits. Avant d'en partir, vous me ferez connaître l'état des routes, celui des ponts, des manutentions et des hôpitaux. Vous me ferez un rapport sur la police et sur les traînards. Vous m'adresserez l'état exact des détachements de troupes qui se trouvent dans chaque endroit ; vous donnerez partout des ordres pour faire rejoindre ce qui appartient à l'armée ; vous ferez sentir aux commandants d'armes et à tous autres que l'Empereur regarde comme un crime de retenir les hommes, soit de l'infanterie, soit à cheval, destinés pour les corps de l'armée. En passant à Krems, assurez-vous si le pont de bateaux est solide ; faites-vous rendre compte si on a enterré les morts des dernières affaires qui ont eu lieu.

Vous connaissez assez, général, tous les ordres qui ont été donnés, et dans votre course, vous vérifierez s'ils ont été exécutés.

(Lettre de Berthier au général Andréossy.)

A mesure que l'armée s'avance, le chef d'état-major général doit organiser l'ordre le plus parfait sur ses derrières : il les fait parcourir par des officiers capables de bien voir et de bien juger, et qui, pour cette mission importante, sont sés délégués.

L'attention de ces officiers se portera spécialement : 1° sur l'état des routes, des ponts, des manutentions et des hôpitaux ;

2° Sur les troupes et détachements qui se trouvent dans chaque localité ;

3° Sur les mesures prises à l'égard des maraudeurs et des traînards ;

4° Sur les troupes et les individus que les officiers qui commandent croient devoir retenir ;

5° Sur la sépulture donnée aux morts des combats qui ont été livrés.

MISSION DU GÉNÉRAL SAVARY
(28 novembre.)

Stratégie.

Le but de la mission du général Savary était profond : en envoyant un négociateur aux deux souverains coalisés et dont l'un, l'Empereur Alexandre, était sous l'impression de ses succès de la veille, Napoléon voulait entretenir la confiance de ses ennemis et achever de les attirer dans le piége d'une bataille immédiate, qui, on l'a démontré, était si profitable à ses intérêts.

ETUDE STRATÉGIQUE DES ENVIRONS DE BRUNN. — PLAN PROFOND DE NAPOLÉON POUR LIVRER UNE BATAILLE DÉCISIVE

Stratégie.

Napoléon, résolu à rechercher une bataille décisive dans les environs de Brünn, avait fait de ces derniers une étude approfondie. En parcourant avec ses lieutenants le plateau de Pratzen, il leur dit ces mots qui résumaient ses

méditations stratégiques : « Si je voulais empêcher l'ennemi
« de passer, c'est ici que je me placerais ; mais je n'aurais
« qu'une bataille ordinaire ; si, au contraire, je refuse ma
« droite en la retirant vers Brünn, et que les Russes aban-
« donnent ces hauteurs, ils sont perdus sans ressource. »

Développons le sens profond de ces paroles :

Napoléon n'occupe pas la position de Pratzen parce que,
dit-il, il n'aurait qu'une bataille ordinaire : en effet, cette bataille il la gagnerait très-probablement en raison de la force
du poste, mais elle ne déciderait pas la campagne, elle
aurait même le fâcheux résultat de faire rebrousser chemin
à l'armée vaincue soit sur Olmutz, soit derrière la March
par Goeding vers Presbourg à la rencontre des archiducs :
tout était de nouveau mis en question. Il fallait une victoire
éclatante qui fût pour la coalition un désastre qui la forçât
à la paix immédiate et qui arrêtât certainement la Prusse.

La combinaison de Napoléon pour atteindre ce but fut la
suivante :

Évacuer le plateau de Pratzen, prendre position à portée
et parallèlement ; la bataille engagée, refuser graduellement
sa droite : les Russes suivraient cette aile, heureux de ne
pas être obligés de courir jusqu'à Nicolsbourg pour couper
Napoléon de Vienne, et réalisant leur plan par ce succès
contre l'aile droite des Français.

Mais pour suivre l'aile droite de Napoléon, il y avait deux
moyens : l'un excellent, l'autre désastreux. Il se pouvait, en
effet, que Kutusoff renforçât simplement son aile gauche
victorieuse, qu'il continuât à occuper fortement le plateau
de Pratzen, et n'en descendît que pour marcher sur Brünn,
droit devant lui, afin de compléter le succès de sa gauche
et d'achever la déroute des Français. Ce plan était en tout
conforme aux principes. D'autre part, Kutusoff voulant assurer d'une manière définitive ses premiers avantages et
rendre impossible tout retour offensif des Français, pouvait
être fortement tenté de porter son centre au soutien de sa

gauche, abandonnant ainsi le plateau de Pratzen, employant ou plutôt croyant employer l'ordre renforcé sur une aile (ordre oblique) qui avait procuré de si beaux succès au Grand Frédéric.

Dans le premier cas, Napoléon avait à livrer une laborieuse bataille, s'étant dessaisi lui-même de hauteurs formidables : il devait alors agir par ses ailes pour les faire tomber. Dans le second cas, que sa perspicacité incomparable lui faisait considérer comme devant se présenter, il se proposait, dès qu'il verrait le plateau de Pratzen dégarni, d'y jeter tout son centre, coupant ainsi l'armée austro-russe en deux tronçons, et lui infligeant une défaite capable de causer sa ruine immédiate. Napoléon déduisant de l'inhabileté stratégique de ses adversaires leur conduite tactique, admit cette seconde hypothèse, mais il ne fut pas exclusif, ne négligea pas la première et prévit même le cas de la perte de la bataille, comme on va le voir.

Avant de passer à l'étude de la bataille d'Austerlitz, il est nécessaire de résoudre les deux questions suivantes :

1° Était-il conforme aux principes de la part de Napoléon d'attendre la bataille autour de Brünn ?

2° Une bataille perdue par Napoléon autour de Brünn l'obligeait-elle à se retirer en Bohême ?

1° Le but de Napoléon était une bataille livrée le plus tôt possible et qui sauvegardât ses communications avec Vienne. Cette bataille ne pouvait être livrée que dans les environs de Brünn, au plateau de Pratzen ; car pour combattre les austro-russes au delà de ce plateau, l'armée française aurait eu la Schwarza sur son flanc droit et le Goldbach, avec sa ligne de grands lacs, sur ses derrières, ce qui eût été pour elle une position dangereuse. Les environs de Brünn ne présentaient pas ce danger ; l'intervalle entre le Goldbach et la Schwarza étant considérable, la retraite vers le nord, c'est-à-dire vers Brünn, était toujours possible. Enfin il y avait une raison décisive pour se battre à Brünn, c'était la nécessité d'une

bataille avant l'arrivée des archiducs et la déclaration de la
Prusse, raison sur laquelle on ne cessera d'insister.

2° Napoléon vaincu autour de Brünn était coupé de
Vienne; mais cette défaite ne l'obligeait nullement à se retirer en Bohême, comme ses ennemis le croyaient et comme
on l'a dit souvent depuis. Admettre en effet cette retraite
serait concéder l'abandon par Napoléon des corps de Mortier
et de Marmont, ce qui serait indigne d'un stratégiste ordinaire. La retraite sur la Bohême n'eût été obligatoire pour
l'Empereur que s'il avait été vivement suivi par les vain-
queurs; mais alors ces derniers perdaient le fruit de leur
victoire, qui consistait précisément à écraser les troupes
laissées par Napoléon autour de Vienne et à y rentrer en
triomphateur. En effet, Mortier, et Marmont, promptement
avertis de l'échec, avaient toute facilité pour se replier sur
Ney et Augereau en Bavière, pendant que l'armée coalisée
suivrait inutilement Napoléon. Hors ce cas, l'armée française
vaincue se retirait par Oslowan, Biskupitz, Znaïm, Meissan
sur Krems; là elle recueillait Mortier et Marmont, qui y seraient toujours parvenus avant d'être atteints par les vain-
queurs séparés de Vienne par une distance de quarante
lieues, tandis qu'il n'y en a que quinze de cette capitale à
Krems. On objecterait vainement que Napoléon n'aurait pu
recueillir à Krems le corps de Marmont placé à Léoben, c'est-
à-dire à trente lieues, et ayant à traverser des montagnes
impraticables en cette saison. Cette objection tombe devant
l'étude des ordres donnés le 29, prévoyant tout et prescrivant
au général Marmont de se rapprocher de Vienne par Neustadt : placé à Neustadt, le corps de Marmont pouvait facilement joindre celui de Mortier, et tous deux opérer facilement
leur retraite sur Krems en temps utile.

MARCHE DES COALISÉS ET MISSION DU PRINCE DOLGOROUKI
(29 novembre.)

Stratégie.   Corollaire de la mission du général Savary, l'arrivée au camp français du prince Dolgorouki acheva l'œuvre morale nécessaire à la réalisation du plan stratégique de Napoléon. Elle lui prouva en effet qu'il allait être attaqué.

La marche des coalisés, ce même jour, lui révéla en outre la combinaison qu'ils avaient adoptée de le couper de Vienne, le mouvement vers Nicolsbourg fut dessiné : ils occupèrent en effet Austerlitz. L'armée française restant en position les jours suivants sur la ligne du Goldbach, il restait à savoir comment elle serait attaquée. C'était là que Napoléon allait éprouver les tacticiens russes et autrichiens, dont quelques-uns, le général Weirother entre autres, passaient pour fort habiles.

ÉTUDE DES ORDRES DU 29 NOVEMBRE

Stratégie.   Je vous préviens que dans deux jours nous devons avoir une bataille sanglante, et que dans cette position des choses vous devez vous tenir très-éveillé ; que dans le cas de circonstances extraordinaires vous puissiez prendre votre parti. Je vous préviens que j'envoie l'ordre au général Dumonceau de quitter Neustadt pour se rendre à Vienne, et qu'il est nécessaire que vous-même vous vous rapprochiez de cette direction le plus possible.
(Lettre de Berthier au général Marmont.)

Cet ordre montre que Napoléon avait pensé à tout, prévu le cas de la perte de la bataille qu'il attendait, ménagé la concentration de toutes les forces qu'il n'avait pas directement sous la main, et assuré leur retraite si les événements l'exigeaient.

ÉTUDE DES ORDRES DU 30 NOVEMBRE

Stratégie.   Ordre au maréchal Bernadotte d'accélérer sa marche ; qu'il est certain que le 1er ou le 2 nous aurons une grande bataille.
(Lettre de Berthier au maréchal Bernadotte.)

L'arrivée du maréchal Bernadotte ainsi que celle du maréchal Davout étaient d'une importance capitale : ce n'était qu'après leur jonction que Napoléon pouvait accepter la bataille : jusque-là, il était obligé de temporiser et de ne pas s'engager sérieusement en vertu du principe fondamental : *se concentrer pour combattre.*

MARCHE DE LA DIVISION FRIANT

Le maréchal Davout avait reçu dans la nuit du 29 au 30 les ordres du 28 : il partit le 30 au matin avec la division Friant : cette division, placée à Korneubourg, avait trente lieues à faire pour atteindre Gross-Raygern. En deux jours elle parcourut cette distance, c'est-à-dire qu'elle fit quinze lieues par jour et cela deux jours de suite ; puis elle se battit avec acharnement le lendemain, 2 décembre.

Tactique de l'infanterie.

Cette marche est la preuve de ce que peut l'infanterie bien conduite.

ÉTUDE DES ORDRES DU 1er DÉCEMBRE

Il ressort de l'étude des ordres du 1er décembre :

Grande tactique.

1° Que chaque chef de corps d'armée reçut dans la soirée connaissance de l'emplacement de son corps pour le 2 au matin.

2° Que les ordres de détail étaient laissés à chacun d'eux.

3° Que le corps de Bernadotte reçut, avec la désignation générale de son emplacement, l'ordre de se disposer en colonne par régiment : cette indication spéciale avait pour but d'attribuer le rôle de réserve à ce corps d'armée : placé en arrière de l'ordre de bataille, le maréchal Bernadotte n'avait pas à se déployer et il suffisait qu'il ait ses régiments dans les meilleures conditions de mobilité.

4° Murat ayant sous ses ordres directs les quatre divisions Walther, Beaumont, Nansouty, d'Hautpoul, plus la cavalerie du corps de Bernadotte commandée par le général de division Kellermann, fut placé au centre de la ligne, la nature du terrain aux deux ailes empêchant d'y mettre la cavalerie. Il importait que la cavalerie formant une masse de 7,000 chevaux fût parfaitement dans la main de son chef pour frapper un coup soudain : aussi Napoléon prescrivit-il de la disposer dans l'ordre en colonne.

5° Que le maréchal Soult devait avoir franchi le Goldbach à sept heures du matin, et qu'il devait en conséquence faire jeter des ponts dans la journée sur ce ruisseau.

6° Que le maréchal Davout avait mission de quitter à cinq heures du matin l'abbaye de Gross-Raygern pour se rendre à Telnitz, afin de renforcer la droite du maréchal Soult.

7° Que les maréchaux devaient se trouver, à sept heures et demie, près de l'Empereur à son bivac, pour, selon les mouvements qu'aurait faits l'ennemi pendant la nuit, recevoir de nouveaux ordres.

Telles sont les dispositions générales que doit prescrire le général en chef : suffisantes pour déterminer l'ordre de bataille et indiquer à chaque corps d'armée le rôle qu'il devra jouer au début de l'action, elles n'embrassent pas les détails auxquels les chefs de corps d'armée doivent consacrer leur attention et employer leurs chefs d'état-major.

PROCLAMATION DE NAPOLÉON A L'ARMÉE

(1er décembre.)

Philosophie militaire.

Le 1er décembre au soir, Napoléon adressa à son armée une proclamation dans laquelle on doit remarquer la phrase suivante :

Les positions que nous occupons sont formidables, pendant qu'ils marcheront pour tourner ma droite, ils me prêteront le flanc.

On le voit, l'Empereur initiait son armée aux espérances qu'il avait de voir les coalisés dégarnir leur centre et se

masser contre sa droite : il publiait son plan pour ainsi dire.
Or n'y avait-il pas imprudence de sa part à faire connaître
ainsi sa pensée? Un déserteur, et les meilleures armées en
ont, un espion portant aux coalisés la proclamation de Napoléon et tout au moins la phrase tactique qu'elle contenait,
eût suffi pour les éclairer et les empêcher de tomber dans
l'abîme.

On ne devra donc pas imiter de pareils épanchements : on
peut faire présager une victoire éclatante, mais il serait imprudent de dévoiler les moyens qu'on emploiera pour l'obtenir.

NAPOLÉON VISITE LES BIVACS DANS LA SOIRÉE

(1er décembre.)

Vers neuf heures du soir, l'Empereur parcourut les bivacs du 4e corps : sa visite fut soudainement éclairée par
une forêt de torches de paille. Il trouva un mot pour tous
les régiments au milieu desquels il passa : au 28e de ligne,
qui avait dans ses rangs beaucoup d'appelés du Calvados, il
leur dit : « J'espère que les Normands se distingueront aujourd'hui. » Parvenu au 57e, il dit : « Rappelez-vous qu'il y
a bien des années, je vous ai surnommé la *Terrible.* »

Les soldats étaient au comble de l'enthousiasme : tous se
promirent de verser leur sang pour leur général qui con-
naissait si bien leurs titres de gloire et les invoquait pour la
grandeur de la France.

RECONNAISSANCE DE SAVARY A L'EXTRÊME DROITE

(Minuit.)

Après la visite des bivacs, c'est-à-dire à minuit, Napoléon rentra dans la cabane que lui avaient construite ses
grenadiers : il y reçut presque aussitôt le général Savary
qu'il avait envoyé en reconnaissance à Telnitz. Il apprit
avec une joie indicible qu'un corps assez considérable d'in-

Philosophie militaire.

Grande tactique.

fanterie et de cavalerie était déjà en position à Augezd : tous les doutes devaient tomber devant cet important renseignement. Il était dès lors évident que le corps en question, déjà descendu du plateau de Pratzen, était l'avant-garde des masses qui allaient au point du jour chercher à tourner la droite de l'armée française.

L'envoi du corps de Kienmayer à Augezd fut une faute de Kutusoff, car la position de ce général au bas des pentes du précieux plateau démontrait l'intention d'en descendre, intention qui ne pouvait s'allier qu'à l'idée de forcer la ligne Telnitz-Sokolnitz : le général russe dévoilait son plan sans aucune utilité. Convaincu que les coalisés avaient adopté le plan qu'il souhaitait si ardemment de leur voir exécuter, Napoléon adressa à Savary ces paroles caractéristiques :

« En ce cas, il n'y a plus à hésiter, il n'y a plus de doute
« sur les faux projets qui animent les généraux de cette ar-
« mée : avant demain, à cette heure, elle sera à nous ! »

ORDRES DE NAPOLÉON

(Une heure.)

Grande tactique.

Ordre au maréchal Davout de se mettre en marche sur Telnitz au point du jour.

Ordre aux maréchaux Davout et Soult de mettre aux villages de Sokolnitz et de Telnitz des troupes en quantité suffisante pour défendre ces obstacles; y attirer les forces de l'ennemi, en cédant peu à peu le terrain, mais seulement après une résistance vigoureuse, qui ne pût faire croire au piège consistant pour Napoléon à refuser sa droite. En conséquence, le maréchal Soult ne devait consacrer qu'une division, puis une simple brigade, à la défense des villages.

Ces dispositions sont des modèles : lorsque l'on veut, comme l'Empereur, refuser une aile, il faut cacher avec soin son dessein, le masquer par une résistance assez longue pour qu'il soit impossible de le soupçonner : ce n'est qu'après une vigoureuse défensive que l'on doit céder volontairement le terrain pas à pas, et comme si l'on y était contraint.

NAPOLÉON MONTE A CHEVAL ET SE REND A GIRZIKOWITZ

(3 heures et demi.)

Napoléon, après avoir reçu le général Savary, ne prit que trois heures de sommeil : à trois heures et demie il monta à cheval et se rendit aux avant-postes à Girzikowitz. Il apprit, ce qui le confirmait dans ses prévisions, que jusqu'à deux heures du matin un grand bruit de troupes se dirigeant de gauche à droite avait été entendu. Nul doute que ce bruit n'eût été celui du corps que le général Savary annonçait être descendu à Augezd.

Cette vigilance de l'Empereur doit être imitée : il faut que dans les circonstances aussi graves que celles que présente le début d'une bataille, surtout d'une bataille dont les dispositions sont calculées sur une hypothèse, que le général en chef s'assure de tous les faits qui corroborent cette hypothèse, et soit à cheval d'assez bonne heure pour pouvoir modifier, avec connaissance de cause, les ordres donnés, dans le cas où cela serait nécessaire.

PLAN DE KUTUSOFF

Kutusoff avait subi l'influence que le général Weirother exerçait sur l'empereur Alexandre, et donné son approbation à un plan qui consistait à faire tourner par 40,000 hommes l'aile droite de Napoléon, à rejeter celle-ci sur son centre qui serait attaqué dès que le mouvement débordant serait suffisamment dessiné. Quant à l'aile gauche des Français, le général Weirother pensait que la déroute du centre et de l'aile droite amènerait promptement sa retraite. Il résultait de ces dispositions qu'à la fin de la bataille l'armée coalisée devait occuper la ligne de Czernowitz, Latein, Bellowitz,

Kritsehen, poussant d'une part les vaincus sur Losch et les montagnes, de l'autre garantissant parfaitement la route d'Olmutz.

Ce plan présentait deux défauts capitaux :

1° Il supposait que l'aile gauche renforcée et dirigée par Telnitz et Sokolnitz, allait déborder l'aile droite de Napoléon. Les coalisés n'allaient pas déborder cette aile; ils allaient la heurter, ce qui était bien différent. Le succès, dans le débordement d'une aile, consiste en effet à paraître inopinément sur le flanc et sur les derrières de cette aile. Cette vicieuse direction, donnée à la droite renforcée des austro-russes, tenait à l'imperfection des connaissances de leur état-major, et à l'heure prématurée à laquelle ils commencèrent leur mouvement. Le grand nombre de feux qu'ils avaient aperçus dans la soirée vers Puntowitz et Girzikowitz, avait fait déduire que la droite des Français était à Kobelnitz et à Puntowitz, tandis qu'elle était à Telnitz et à Sokolnitz. Le mouvement tactique consistant à déborder l'aile droite de Napoléon, aboutit donc à l'attaque de cette aile par la gauche renforcée des coalisés, attaque qui fut dévoilée dès le début de l'action et devait amener la ruine du centre des austro-russes. Attaquer le centre est en effet la manœuvre que l'on doit opposer à un ennemi qui se masse contre une aile : si ce centre n'est pas vigoureusement constitué, s'il est affaibli au bénéfice de l'aile assaillante, sa perte est certaine. Il reste entendu que l'attaque du centre suppose la coopération des ailes, et qu'elle ne doit pas être faite isolément.

2° Le plan Weirother admettait que Napoléon resterait immobile et se contenterait de défendre sa ligne du Goldbach. Il supposait que le grand capitaine se réduirait à disputer pied à pied cette ligne, pour couvrir sa retraite sur Brünn. Le stratégiste autrichien oubliait que la meilleure manière d'opérer une retraite est d'abord de se faire respecter et de prendre l'offensive avant de la commencer. L'archiduc Charles à Caldiéro, et avant lui Moreau, en 1796, avaient bien prouvé la sûreté de ce principe : d'ailleurs, toute bataille défensive doit se livrer d'après la règle fondamentale de la défensive-offensive. Un Français, le général Langeron, qui offre le triste spectacle d'un homme qui combat contre son pays, fit au général Weirother l'objection dont il vient d'être question. Il demanda en effet quelles seraient les dispositions si, au lieu de se laisser attaquer, les Français prenaient les premiers l'offensive et attaquaient le plateau de Pratzen. Weirother rejeta absolument cette hypothèse, insistant sur la certitude de la retraite de Napoléon.

On voit combien les fanfaronnades de Dolgorouki et des courtisans avaient faussé le bon sens militaire des généraux autrichiens et russes.

FAUTE DE DÉTAIL COMMISE PAR LE PRINCE JEAN DE LICHTENSTEIN

(1er décembre.)

Avant de passer à l'étude de la célèbre bataille qui devait clore cette campagne d'une manière si éclatante, il est nécessaire d'appeler l'attention sur une erreur logistique que commit l'état-major du prince Jean de Lichtenstein. Celui-ci, placé à la tête de 82 escadrons, devait aller camper le 1er au soir à Blazowitz : une direction vicieuse l'amena sur le plateau derrière Pratzen ; la journée étant très-avancée, il y campa, se proposant de réparer cette erreur le lendemain, au point du jour. C'est ce qu'il fit ; mais pour remédier à un mal, il en causa un plus grave : remontant vers le nord, il obligea la 3e colonne russe, qui devait descendre vers le sud, à attendre qu'il ait terminé son mouvement dirigé en sens inverse. Ce temps d'arrêt retarda l'action des 2e et 3e colonnes contre Sokolnitz et son château, et paralysa les progrès que la 1re colonne avait faits à Telnitz avant l'arrivée du maréchal Davout.

BATAILLE D'AUSTERLITZ

(2 décembre.)

POSITIONS GÉNÉRALES ET FORCES DES DEUX ARMÉES

Français.

Division Friant (10 bataillons, 1 batterie). — En marche sur Telnitz.

Division Bourcier (12 escadrons, 1 batterie). — En marche sur Telnitz.

Division Legrand (10 bataillons, 1 batterie). — A Telnitz et à Sokolnitz.

Brigade Margaron (6 escadrons). — A Telnitz.

Division Saint-Hilaire (10 bataillons, 1 batterie). — A Kobelnitz.

Division Vandamme (10 bataillons, 1 batterie). — A Puntowitz.

Division Kellermann (24 escadrons). — En avant de la division Caffarelli.

Division Walther (12 escadrons, 1 batterie). — En avant de la division Suchet.

Division Caffarelli (10 bataillons, 1 batterie). — En avant de Girzikowitz.

Division Suchet (10 bataillons, 3 batteries, dont 2 de position). — A cheval sur la grande route d'Olmutz, la gauche appuyée au Santon.

Division Beaumont (18 escadrons, 1 batterie). — A la droite de la division Drouet.

Division Drouet (9 bataillons, 1 batterie). — Entre Puntowitz et Schlapanitz.

Division Rivaud (9 bataillons, 1 batterie). — Entre Schlapanitz et Girzikowitz.

Division Nansouty (20 escadrons, 1 batterie). — Derrière la division Caffarelli.

Division d'Hautpoul (16 escadrons, 1 batterie. — Derrière la division Nansouty.

Garde impériale. Brigade Ordener (10 escadrons, 2 batteries). — A droite de Schlapanitz.

Division Oudinot (10 bataillons). A Schlapanitz.

Garde impériale. Duroc (10 bataillons, 4 batteries). — A la Batte ou hauteur dite bivac de l'Empereur.

Total : 98 bataillons, dont 10 de la garde.
118 escadrons, dont 10 de la garde.
14 batteries à pied, dont 10 de la garde.
7 batteries à cheval, dont 2 de la garde.

Soit : 88 bataillons à 540 hommes . . .   47,520 hommes.
10 bataillons de la garde à 550 h.   5,500   —
108 escadrons à 120 hommes . . .   12,960   —
10 escadrons de la garde à 130 h.   1,300   —
10 batteries à pied à 210 hommes.   2,100   —
4 batteries à pied de la garde à
230 hommes.   920   —
5 batteries à cheval à 80 hom. .   400   —
2 batteries à cheval de la garde
à 110 hommes.   220   —

Total. . . . .   70,920 hommes.

Ajoutant 600 hommes environ pour le génie, on a un total général de 71,520 hommes.

Austro-Russes.

1re colonne. Doctorow : 29 bataillons, dont 5 autrichiens ; 32 escadrons autrichiens.

Les 5 bataillons et les 32 escadrons autrichiens, sous les ordres du général Kienmayer, à Augezd, servant d'avant-garde ; les 24 bataillons russes, bivaqués sur la partie méridionale du plateau de Pratzen, au-dessus d'Augezd.

2ᵉ *colonne*. Langeron : 18 bataillons russes, sur le plateau de Pratzen, à hauteur du parc de Sokolnitz.

Cavalerie du prince Jean de Lichtenstein : 82 escadrons, dont 35 autrichiens ; bivaquée par erreur en arrière de Pratzen et se préparant à remonter sur Blaziowitz.

3ᵉ *colonne*. Pribyschewsky : 18 bataillons russes, sur le plateau de Pratzen et le Stari-Winobradi.

Cavalerie de la garde impériale russe, grand-duc Constantin : 18 escadrons, en avant de Blaziowitz, occupant l'emplacement qu'aurait dû occuper le 1ᵉʳ au soir le prince Jean de Lichtenstein.

4ᵉ *colonne*. Kollowrath : 27 bataillons, dont 12 russes, au Stari-Winobradi.

5ᵉ *colonne*. Bagration : 12 bataillons et 40 escadrons russes, la droite devant Bosenitz, la gauche à gauche de la grande route d'Olmutz.

Infanterie de la garde impériale russe, grand-duc Constantin : 10 bataillons, sur les hauteurs d'Austerlitz, entre cette ville et Hollubitz.

Total : 114 bataillons, dont 10 de la garde.
172 escadrons, dont 18 de la garde.
Artillerie, 4,500 hommes.

Le bataillon de la ligne étant à 560 hommes, celui de la garde à 700, on a, pour l'infanterie, 65,240 hommes.

L'escadron de la ligne et de cosaques étant à 120 hommes, et celui de la garde à 130, on a, pour la cavalerie, 20,820 hommes.

En ajoutant 4,500 hommes d'artillerie, on a 90,560 hommes comme force totale de l'armée austro-russe.

EXPOSÉ SOMMAIRE DE LA BATAILLE

De 6 à 7 heures.

Le feu commence à Telnitz à six heures. — Prise de Telnitz par l'avant-garde de la 1ʳᵉ colonne austro-russe (Kienmayer). — Reprise de Telnitz par les Français (brigade Merle de la division Legrand).

De 7 heures et demie à 8 heures et demie.

Paroles de Napoléon au maréchal Soult. — L'Empereur passe devant le front des troupes. — Le signal est donné. — Mouvement de la 1re colonne russe. — Faute du général Buxhowden. — Deuxième prise de Telnitz par les coalisés (1re colonne). — Nouvelle faute de Buxhowden. — Retard de la 3e colonne russe. — Temporisation de la 2e. — Arrivée du maréchal Davout avec les divisions Bourcier et Friant. — Deuxième reprise de Telnitz par les Français (brigades Merle, Heudelet, Margaron et 1er dragons). — Mouvement de la 2e et de la 3e colonne russes sur Sokolnitz et le château de ce village. — Attaque combinée de Sokolnitz et de son château par les 2e et 3e colonnes russes. — La brigade Levasseur (division Legrand) obligée de céder ces deux points.

8 heures et demie.

Troisième prise de Telnitz par la 1re colonne. — Méprise qui arrache ce poste aux Français. — Mouvement de la 4e colonne russe.

État général de la bataille à huit heures et demie.

Extrême danger de la position de Kutusoff. — Napoléon décide la bataille. — Ordres aux maréchaux Soult, Lannes, Murat, Bernadotte et Bessières.

ATTAQUE DU MARÉCHAL SOULT

8 heures et demie à midi.

Dispositions habiles du maréchal. — Tardive perspicacité de Kutusoff. — Seul plan conforme aux principes qui se présentait à lui. — Il ne le suit pas. — Ordres qu'il donne : leur insuffisance. — Les deux divisions Saint-Hilaire et Vaudamme (corps du maréchal Soult) couronnent le plateau de Pratzen. — Charge de ces divisions sur les Austro-Russes. — Arrivée fortuite du général Langeron avec la brigade Kamensky sur la droite de la division Saint-Hilaire. — Perspicacité du général Langeron. — Vigueur de la division Saint-Hilaire. —Arrivée de la brigade Levasseur (division Legrand, corps du maréchal Soult également). — Violent combat. — Conquête du plateau de Pratzen par les Français. — Prise du Stari-Winobradi par la division Vandamme. — Arrivée sur le plateau du corps de Bernadotte (divisions Rivaud et Drouet), de la division Beaumont et de la garde.

CONTINUATION DE LA LUTTE SUR LA LIGNE TELNITZ-SOKOLNITZ

8 heures et demie à midi.

Le maréchal Davout parvient à contenir la 1re colonne austro-russe à Telnitz, et la 2e à Sokolnitz. — Il arrache le château de Sokolnitz à la 3e. — Les 2e et 3e colonnes russes essayent vainement de reconquérir ce château. — La lutte se localise sur la ligne du Goldbach sans progrès de la part des Austro-Russes que le maréchal contient avec vigueur sans jamais se laisser aller à compléter ses avantages par une poursuite qui eût été contraire au plan général de la bataille.

ATTAQUE DES MARÉCHAUX LANNES ET MURAT

8 heures et demie à midi.

Violente canonnade qui commence la bataille à la gauche des Français. — Réception des ordres de l'Empereur par les maréchaux Lannes et Murat. — Dispositions qu'ils prennent. — Combat entre la division de cavalerie Kellermann et la cavalerie de la garde russe. — Arrivée du prince Jean de Lichtenstein. — Charge du général Essen sur la division Kellermann, puis sur la division Caffarelli. — Elle est re-

poussée. — Marche en avant de Lannes et de Murat. — Vive canonnade. — Prise de Blaziowitz par les Français. — Ce village est occupé, par ordre de l'Empereur, par la division Drouet, du corps de Bernadotte. — Prise des villages de Kruch et d'Hollubitz par la division Suchet. — Double changement de front ordonné par Lannes aux divisions Saint-Hilaire et Vandamme. — Charge de la division Uvarow sur la division Caffarelli. — Combat de cavalerie (divisions Walther et d'Hautpoul et cavalerie austro-russe). — Charge des divisions Walther et d'Hautpoul sur l'infanterie de Bagration. — Celle-ci est enfoncée, mais recule en bon ordre. — La division Nansouty lancée sur cette infanterie. — Déroute complète de Bagration et du prince de Lichtenstein.

LE PLATEAU DE PRATZEN COMPLÉTEMENT AU POUVOIR DES FRANÇAIS. — IMMENSES CONSÉQUENCES

Midi à une heure.

Ordre de Napoléon à Murat et à Lannes de ne pas dépasser la maison de poste de Posoritz. — Changement de front prescrit aux divisions Saint-Hilaire et Vandamme. — But de ce mouvement. — Incident survenu à la brigade Schiner de la division Vandamme. — Ordre de Napoléon à Bernadotte, à Bessières et au général Rapp. — Charge mémorable de la cavalerie des deux gardes. — Prise et destruction de la 3ᵉ colonne russe et d'une partie de la 2ᵉ à Sokolnitz. — Retraite du reste de la 2ᵉ colonne à la suite d'une colonne de quatre régiments appartenant à la 1ʳᵉ colonne, et que Buxhowden porte de Telnitz sur Augezd. — Doctorow, avec le reste de la 1ʳᵉ colonne, laissé à Telnitz. — La partie de la 2ᵉ colonne qui suivait Buxhowden, sous les ordres du général Langeron, est coupée de lui et jetée sur l'étang de Satschau. — Habiles dispositions du général Doctorow.

CATASTROPHE DES DÉBRIS DE LA DEUXIÈME COLONNE ET D'UNE PARTIE DE LA PREMIÈRE

Une heure et demie.

Vaine tentative de Langeron. — Épouvantable désastre des débris de la 2ᵉ colonne russe. — Belle défense du général Doctorow entre Telnitz et Menitz. — Une partie de sa colonne est à son tour jetée sur l'étang de Satschau et s'y noie. — Doctorow et Langeron n'atteignent Ottnitz qu'avec quelques bataillons et quelques escadrons.

Horrible confusion de l'armée coalisée. Pertes des deux armées.

ETUDE TECHNIQUE DE LA BATAILLE

Grande tactique.

1° Le général Buxhowden avait la direction supérieure des 1ʳᵉ, 2ᵐᵉ et 3ᵐᵉ colonnes : il se porta de sa personne à la 1ʳᵉ, puis, sans s'occuper si les deux autres qui devaient combiner leur mouvement avec le sien étaient prêtes pour l'attaque de Sokolnitz et de son château, il marcha d'Augezd sur Telnitz. C'était une grande faute qui devait amener du décousu dans les mouvements et permettre aux Français de porter toutes les forces de leur droite à Telnitz contre la 1ʳᵉ colonne russe. Celle-ci pouvait donc être vigoureusement repoussée et hors d'état de reprendre l'attaque, ce qui renversait complétement le plan de la bataille.

Il faut donc éviter avec le plus grand soin le décousu et l'isolement des attaques.

2° Après avoir enlevé Telnitz, Buxhowden, au lieu d'en déboucher, y resta immobile. Il voulait en cela attendre la coopération de ses deux autres colonnes : il reconnaissait ainsi la faute qu'il avait commise d'attaquer prématurément Telnitz : or, cette faute, il fallait la réparer, non pas en restant sur place dans ce village, mais en débouchant sur l'étang d'Ottmaran. Il eût ainsi obligé les défenseurs de Sokolnitz à renforcer ceux de Telnitz sous peine de se laisser tourner ; la tâche des 2me et 3me colonnes eût été considérablement facilitée.

Il est indispensable d'aider l'attaque de front d'une position par de puissantes tentatives sur les ailes.

3° Il est dangereux de prendre un ordre de bataille sur deux lignes avant que le brouillard n'ait été totalement dissipé. Le maréchal Davout oublia ce principe à la défense de Telnitz : il disposa en effet le 108e de ligne en avant de Telnitz sur la route d'Augezd, en 2me ligne était le 26e léger déployé sur les pentes entre Sokolnitz et Menitz. Ce dernier apercevant des troupes devant lui et ne pouvant, à cause du brouillard, distinguer la couleur de l'uniforme, fit sur le 108e un feu violent. Ce feu s'ajoutant à celui que ce régiment recevait sur son front causa du désordre et la retraite du 108e qui abandonna Telnitz aux coalisés.

4° Dès que Napoléon vit le plateau de Pratzen dégarni des 40,000 hommes qui se portaient sur la ligne Telnitz-Sokolnitz pour déborder sa droite, il lança sur cette position 25 bataillons soutenus à portée de canon par 22 autres : ces 57 bataillons allaient fondre sur les 27 que Kutusoff avait maintenus sur le plateau, et qu'il croyait suffisants pour remplir le triple but de tenir en force un plateau de 4,500 mètres de longueur, de se lier avec la droite et surtout avec l'aile gauche de son armée.

Il était évident :

1° Que les 30,000 hommes que Napoléon pouvait jeter sur le plateau enfonceraient, en peu d'instants, les 15,000 qui constituaient la 4e colonne russe ;

2° Que la réserve d'infanterie placée sur les hauteurs entre Blaziowitz et Austerlitz ne pourrait arriver sur le plateau qu'au bout de trois quarts d'heure, c'est-à-dire beaucoup trop tard pour tenir la position ;

3° Cette réserve d'ailleurs ne comprenait que 10 bataillons, force insuffisante pour rétablir les affaires.

4° La manœuvre tactique de Napoléon, celle qui décida la bataille, fut donc de laisser l'ennemi obtenir quelques succès sur sa droite afin de lui faire dégarnir le plateau ; ce résultat obtenu, il jeta son centre et ses réserves sur le centre dégarni de Kutusoff et l'enfonça ;

5° Il résulte des considérations précédentes que la réserve ne doit jamais être placée à une distance telle qu'elle ne puisse entrer promptement en ligne. La garde impériale russe, sous le grand-duc Constantin, était sur les hauteurs d'Austerlitz à une lieue de la ligne de bataille, distance beaucoup trop grande pour de l'infanterie et que ne justifie pas la portée de l'artillerie de l'époque. Cette infanterie eût dû être tenue entre Pratzen et Krzenowitz sur les pentes orientales du plateau, défilée des feux de l'artillerie française et complétement sous la main ;

6° Les 18 escadrons de la garde impériale russe auraient pu être, en vingt minutes, sur le plateau de Pratzen, s'ils avaient été disponibles ; mais, par suite de l'erreur commise la veille par le prince de Lichtenstein, les 82 escadrons de ce prince qui devaient être derrière Blaziowitz ne s'y trouvèrent pas au début de la bataille, et la cavalerie de la garde russe avait dû remplir cette lacune : de sorte qu'au moment où les Français assaillirent le plateau, le prince de Lichtenstein était en marche pour se rendre à Blaziowitz et se trouvait entre le Stari-Winobradi et ce village, circonstance qui : 1° encombrait inutilement le nord du plateau d'une masse de cavalerie ; 2° rendait impossible l'appel de la cavalerie de la garde fort occupée déjà à Blaziowitz. Kutusoff y suppléa en appelant les quatre derniers régiments de la cavalerie de Lichtenstein, ordre bien donné, mais qui ne pouvait apporter grand remède à la situation si compromise de la bataille dès son début.

7° Le maréchal Soult sentant toute l'importance de couronner promptement le plateau, sans se laisser détourner par des accessoires, ordonna aux deux divisions Saint-Hilaire et Vandamme de négliger le village de Pratzen pour s'élever sur les hauteurs à droite et à gauche de ce village. Habile tactique qui consiste à discerner le but principal à atteindre et à ne pas perdre de temps à des choses secondaires. Napoléon avait d'ailleurs inspiré la conduite du maréchal en lui demandant, un peu avant l'action, combien il lui faudrait de temps pour couronner le plateau. « Moins de vingt minutes », avait répondu Soult. Réponse parfaitement indépendante de l'hypothèse d'une attaque du village de Pratzen et que l'Empereur approuva en ajoutant : « En ce cas, attendons un quart d'heure. »

8° Les coalisés occupèrent Pratzen avec trois bataillons, placés à plus de 2,000 mètres de la crête du plateau et de tout soutien : cette disposition était des plus vicieuses. En effet, les Français pouvaient ou attaquer en règle ce village ou le déborder : dans le premier cas ces trois bataillons ne pouvaient être soutenus à temps et devaient être coupés : dans le second ils étaient débordés et réduits à mettre bas les armes. Est-ce à dire qu'il ne faille pas défendre les avancées des positions ? Non, assurément, seulement il est nécessaire d'être parfaitement en mesure de soutenir les troupes qu'on y place.

9° Les coalisés n'auraient dû placer qu'un simple poste dans Pratzen : ce poste en eût éclairé les abords jusque vers les bas-fonds du Goldbach, et eût certainement révélé la présence des colonnes du maréchal Soult soigneusement cachées dans le ravin du ruisseau qui passe à Pratzen. Les trois bataillons occupant ce village étaient, dira-t-on, l'avant-garde de la 4e colonne appelée à descendre sur Kobelnitz et Puntowitz, lorsque le succès de l'aile gauche l'aurait permis. Mais le premier devoir d'un chef d'avant-garde, c'est d'éclairer au loin la route qu'il doit suivre et cela bien avant le départ : c'est ce qu'oublia l'officier commandant à Pratzen.

D'ailleurs, l'avant-garde d'une colonne, sur un champ de bataille comme ailleurs, doit avoir de la cavalerie : il ne faut pas que devant l'ennemi elle s'engage à fond à 2 kilomètres de la colonne qu'elle précède, dans un terrain aussi propre aux surprises que l'est celui qui s'étend entre Pratzen et le Goldbach. Ainsi, Kutusoff eût dû avoir seulement deux ou trois escadrons de cosaques entre le bas des pentes du plateau et le Goldbach : il eût ainsi appris de bonne heure que la droite de Napoléon qu'il croyait à Kobelnitz et à Puntowitz, était à Sokolnitz et Telnitz, que des masses constituant son centre étaient cachées dans les ravins à vingt minutes de lui, prêtes à l'assaillir et non timidement retranchées sur la rive droite du Goldbach, comme on se plaisait à le dire autour de l'Empereur Alexandre. Ce renseignement l'eût très-probablement éclairé sur le vice du plan Weirother et il se fut ravisé.

Conclusion générale : quelle que soit la mission d'un officier qui occupe une position offensive, défensive ou d'avant-garde, il doit toujours faire fouiller avec soin l'horizon par ses troupes légères. Oublier ce principe est un crime comparable à celui que commettrait le commandant d'un bivouac qui négligerait de placer des avant-postes ou n'en surveillerait pas le service et la vigilance.

10° Tout en portant sur le plateau de Pratzen la majeure partie des forces qu'il avait sous la main, le maréchal Soult ne négligea pas ses derrières : c'est ainsi qu'il laissa habilement la brigade Levasseur en réserve à Kobelnitz.

11° Le Stari-Winobradi était une forte position garnie d'infanterie et d'artillerie, par laquelle le centre de Kutusoff se liait à sa droite. Il importait de ne pas se laisser arrêter par l'attaque de cette position et de ne pas perdre de vue le but principal à atteindre : c'est-à-dire le couronnement général du plateau ; les mêmes raisons qui avaient fait négliger et dépasser le village de Pratzen existaient pour le Stari-Winobradi. Le maréchal Soult donna en conséquence à la division Vandamme l'ordre de masquer simplement cette position et de ne l'attaquer en règle qu'après la conquête générale du plateau. Conduite habile qui voyait le but et lui sacrifiait des positions qui devaient tomber d'elles-mêmes, dès qu'il serait atteint.

12° L'attaque de la ligne du Goldbach par les trois colonnes du général Buxhowden avait été faite sans ensemble, ce qui avait permis aux Français d'y faire face avec très-peu de monde. Ce défaut était la conséquence de l'erreur commise par l'état-major du prince de Lichtensten, erreur qui avait fait camper les 82 escadrons de ce dernier entre la 2e et la 3e colonne : cette cavalerie, pour se porter à sa véritable place, vers Blaziowitz, croisa la 3e colonne (Pribyschewski), qui fut obligée de s'arrêter pour la laisser passer; la 2e colonne (Langeron), solidaire de la 3e, car toutes deux devaient attaquer Sokolnitz et son château, fut obligée de l'attendre, ce qui occasionna une grande perte de temps et localisa, au début de la bataille, la lutte à Telnitz.

13° Un seul plan rationnel se présentait à Kutusoff lorsqu'il vit les Français attaquer le plateau de Pratzen. Le danger était évidemment plus grand, pour les coalisés, entre Pratzen, Sokolnitz et Augezd qu'entre Pratzen et le Stari-Winobradi. La garde russe, promptement appelée, pouvait, en une demi-heure, accourir au Stari; mais il lui fallait une heure pour entrer en ligne à la gauche de Pratzen, c'est-à-dire au point décisif. Forte seulement de 10 bataillons et ne devant arriver qu'au bout d'une heure, elle ne pouvait assurer la possession du plateau. Kutusoff avait 65 bataillons et 32 escadrons du château de Sokolnitz à Telnitz; il fallait se hâter de les rappeler sur le plateau de Pratzen : les 3e et 2e colonnes y seraient parvenues en moins d'une demi-heure; leur marche seule contre le flanc droit et les derrières de la division Saint-Hilaire eût été un excellent mouvement tactique. Le retour fortuit de la brigade Kamensky (du corps de Langeron) dès les premiers coups de feu tirés sur le plateau, et le danger de la division Saint-Hilaire qui en résulta, montrent quel effet eût produit ce rappel immédiat des colonnes de Langeron et de Pribyschewski. Ce rappel eût, il est vrai, forcé la 1re colonne (Doctorow) à une retraite immédiate sur Augezd, mais il n'y avait à cela qu'un avantage, car il était évident qu'il fallait renoncer au plan de déborder la droite de Napoléon, puisqu'on était soi-même violemment assailli. D'ailleurs il était facile à la 1re colonne de remonter d'Augezd sur le plateau. Kutusoff, restant maître de ce précieux plateau, obligeait Napoléon à changer son plan ; il pouvait soit y rester sur la défensive, soit en descendre en masse pour marcher sur Brünn et forcer la ligne du Goldbach.

Au lieu de cela, Kutusoff laissa 40,000 hommes sur la ligne Telnitz-Sokolnitz, lorsqu'il était évident : 1° que tout succès remporté sur cette ligne était fatal si le plateau de Pratzen tombait entre les mains des Français ; 2° que la retraite de cette masse sous le feu croisé de la droite et du centre de Napoléon amènerait un désastre, car elle avait derrière elle soit les pentes du plateau occupées par les Français, soit les vastes étangs de Satschau et de Menitz. Il se borna à appeler au soutien de son centre, vers le Stari-Winobradi, l'infanterie de la garde russe et à faire rétrograder les quatre derniers régiments de la colonne du prince de Lichtenstein, qui atteignait Blaziowitz. Ordres insuffisants, capables de prolonger la résistance, mais dans l'impossibilité de donner la moindre espérance de succès.

14° On a vu que le maréchal Soult avait prescrit de négliger le village de Pratzen ; mais il n'avait jamais été dans sa pensée de le laisser sur les derrières de la division Saint-Hilaire sans le masquer et le faire observer. Le général Saint-Hilaire négligea ce soin, et il en résulta que pendant que la brigade Thiébault, de sa division couronnait le plateau, elle fut accueillie par un feu violent sur ses derrières ; c'étaient les bataillons ennemis qui occupaient Pratzen et qui essayaient ainsi une diversion. Force fut de détacher contre eux un bataillon. Si cette précaution avait été prise dès le début, la brigade Thiébault n'eût pas subi les pertes que ce feu inattendu lui fit éprouver.

La brigade Kamensky, la dernière de la colonne Langeron, commençait à descendre les pentes qui mènent du plateau de Pratzen à Sokolnitz lorsqu'elle entendit un feu violent sur le plateau; le général Kamensky se rabattit instinctivement au feu et remonta les pentes. Le général Langeron accourut pour savoir ce qui se passait à la queue de sa colonne, approuva la conduite de son lieutenant et, se faisant suppléer dans l'attaque de Sokolnitz, il se mit lui-même à la tête de la brigade Kamensky. C'était agir selon les vrais principes : la division Saint-Hilaire fut mise en effet dans une position des plus critiques; elle avait devant elle l'infanterie de Kollowrath et sur son flanc droit, formant l'équerre, la brigade Kamensky. On voit que si cette dernière avait été renforcée par d'autres troupes venant de Sokolnitz, mesure que le général Langeron n'avait pas qualité d'ordonner, la division Saint-Hilaire eût couru les plus sérieux dangers.

15° Le maréchal Lannes marcha contre l'aile droite, formé sur deux lignes d'infanterie; la première ligne se composait de bataillons en bataille entièrement déployés, l'artillerie entre les intervalles des bataillons; la deuxième ligne, formée de bataillons en colonne par division à demi-distance, était éloignée de la première par une distance de 400 pas. La cavalerie légère de la division Kellermann couvrait tout le front de la première ligne, prête à se mesurer avec un corps de cavalerie de sa force ou à démasquer le front de l'infanterie, si des masses supérieures de cavalerie ou le feu de l'ennemi l'exigeait.

Cette disposition était bonne, vu la portée du tir à cette époque et la grande part que la cavalerie avait à remplir dans les batailles. On voit que, tout en étant conforme, en général, aux prescriptions données par Napoléon le 26 novembre, elle n'était pas la copie absolue de celles-ci, et à juste raison, car le tacticien doit appliquer son art selon le terrain et les armes qui lui sont opposées.

16° Après la prise du village de Blaziowitz, Lannes, pour séparer irrévocablement Bagration de la cavalerie du prince de Lichtenstein, fit exécuter à la division Caffarelli un changement de front, l'aile gauche en avant ; la division Suchet opéra, de son côté, un changement de front, l'aile droite en avant. Ce mouvement était décisif ; on objecterait vainement qu'il était dangereux à cause de l'intervalle qui allait régner entre les deux divisions. Murat et ses 72 escadrons pouvaient parer à toute éventualité à cet égard.

17° La brigade Schiner, de la division Vandamme, fut chargée de faire tomber le Stari-Winobradi, après la conquête du plateau de Pratzen ; elle accomplit cette tâche avec vigueur, mais commit une faute grave en s'abandonnant avec une ardeur irréfléchie à la poursuite des vaincus. Il faut en effet discerner la mesure dans laquelle on peut profiter d'un avantage local sur un champ de bataille ; se lancer en aveugle sans regarder à droite et à gauche, ou en poussant trop loin l'ennemi, expose à de graves mécomptes : dans le premier cas on peut être pris en flanc, dans le second se heurter sur les réserves de l'ennemi. C'est ce qui arriva à la brigade Schiner. Ce général avait poussé vivement les Russes sur Krzenowitz : voyant le danger de sa position avancée, il put recueillir sa brigade, moins 2 bataillons (1er bataillon du 4e de ligne et 2e du 24e léger). Ceux-ci avaient refoulé l'infanterie russe jusqu'au revers du plateau, du côté de Krzenowitz ; là ils furent chargés par la cavalerie de la garde russe et entièrement coupés ; le 4e perdit son aigle, et les 2 bataillons, pour échapper à une perte certaine, furent réduits à s'éparpiller dans les vignes, où ils étaient plus à l'abri des coups de sabre d'une cavalerie d'élite ardente à venger sur eux l'échec de Kollowrath.

18° Comprenant admirablement l'objet de sa mission, qui

était de tenir la ligne Telnitz-Sokolnitz, d'y user pour ainsi dire l'ennemi en lui procurant quelques éphémères avantages, le maréchal Davout montra les talents d'un grand tacticien en utilisant merveilleusement les 15,000 hommes qu'il avait sous ses ordres, selon l'intensité des attaques des trois colonnes de Buxhowden, et selon le décousu de leurs entreprises. Un général ordinaire, cédant à une ardeur intempestive, eût poursuivi l'ennemi après la reprise de Telnitz et de Sokolnitz, ou bien eût engagé un combat sérieux pour arracher ces villages aux coalisés restés maîtres de ces obstacles après cinq heures de lutte : loin d'agir ainsi, Davout, tout entier à ses instructions, se contente de tenir ferme sur le relèvement du terrain de la rive droite du Goldbach, prêt à tomber sur le flanc des Austro-Russes, s'ils veulent déboucher et profiter d'un avantage trompeur.

19° Après le couronnement du plateau de Pratzen, Napoléon y amena les corps de Bernadotte et de Bessières, ainsi que la division Beaumont : il ordonna alors un vaste changement de front, l'aile gauche en avant, aux divisions Saint-Hilaire et Vandamme ; manœuvre profondément décisive qui allait couper sans retour la route du plateau aux 40,000 Austro-Russes engouffrés dans les bas-fonds du Goldbach et les prendre d'écharpe, tandis que Davout renforcé les attaquerait vigoureusement de front. Cette combinaison causa la ruine des trois colonnes de Buxhowden.

20° On ne peut, à la fin d'une bataille perdue, et dans une position désespérée, faire une plus belle contenance que celle du général Doctorow.   (*Mathieu-Dumas.*)

Doctorow, témoin du désastre des 2° et 3° colonnes, ne perd pas la tête : remarquant que le terrain au delà des lacs se relève et peut servir d'appui, il rappelle la cavalerie de Kienmayer qui s'acharnait inutilement à faire le coup de sabre avec celle de Bourcier et la place, entre l'étang de Satschau et Menitz ; derrière elle, sur des positions dominantes, il met en batterie les 38 pièces de canon qu'il possède, puis, en troisième ligne et entre les deux lacs, toute son infanterie. Il soutint ainsi un assez long combat, et parvint à ramener à Ottnitz 3,000 hommes intacts. Sans le désordre qui précipita sa colonne sur les étangs de Satschau et de Menitz et qui fit céder la glace de ces lacs, il eût pu opérer sa retraite sans trop de pertes, grâce aux dispositions qu'il avait su prendre.

21° Il paraît tout d'abord naturel de reprocher à Kutusoff d'avoir adossé sa gauche aux vastes étangs de la Litawa : cette critique serait trop sévère. Il ne faut pas perdre de vue, en effet, que l'état-major austro-russe croyait la droite de Napoléon appuyée à Kobelnitz au lieu de Telnitz, et qu'il n'avait jamais soupçonné la possibilité d'un combat sérieux entre Telnitz et Kobelnitz, combat qui exposât l'aile gauche à une retraite sur les gouffres de la Litawa :

Tactique de l'infanterie.

1° Il était à craindre qu'en débouchant sur le plateau de Pratzen les divisions Saint-Hilaire et Vandamme fussent assaillies par une nombreuse cavalerie; en outre, ces divisions avaient à gravir un terrain fortement incliné. Ces considérations déterminèrent le maréchal Soult à prendre pour ordre de bataille deux lignes d'infanterie composées chacune de bataillons en colonne par division à demi-distance, ordre permettant une grande mobilité et la formation des carrés.

2° Après être arrivées sur la crête du plateau, les divisions Saint-Hilaire et Vandamme se trouvèrent en présence, non pas de nombreux escadrons, mais de deux lignes d'infanterie qui les couvrirent de balles : il fallut répondre à ce feu. Ce fut alors que s'exécuta, à 150 pas de l'ennemi, le déploiement des deux divisions françaises.

Ce déploiement fut donc une manœuvre faite sous le feu de l'artillerie et de la mousqueterie des coalisés.

En égard à l'arme à silex, il équivaut comme distance, comme portée et surtout comme justesse à un déploiement qu'une infanterie ferait aujourd'hui à 800 mètres d'une infanterie ennemie en position. Si l'on considère l'effet de l'artillerie, on reconnaît qu'à cette distance de 150 mètres le tir à mitraille eut tout l'effet qu'aurait aujourd'hui à 1,800 mètres le tir des mitrailleuses, moins toutefois celui dû à la rapidité du chargement.

Examinons donc quelles furent les pertes de l'infanterie du maréchal Soult, spécialement de la division Saint-Hilaire, qui fut le plus sérieusement engagée; ajoutons-y un coefficient que la rapidité du chargement impose et déduisons les sacrifices qu'exigerait, de nos jours, un déploiement de l'infanterie, sous le feu de l'ennemi, à la distance de 800 mètres.

La division Saint-Hilaire comprenait cinq corps; elle n'avait pas encore donné dans cette campagne et présentait 780 hommes par bataillon en moyenne. Ces corps étaient :

10ᵉ léger,	présents au feu.	1,488 hommes,
14ᵉ de ligne,	—	1,551 —
36ᵉ de ligne,	—	1,486 —
43ᵉ de ligne,	—	1,598 —
55ᵉ de ligne,	—	1,709 —
	Total. . .	7,832 hommes.

Le 10ᵉ léger eût.	329 hommes hors de combat,
Le 14ᵉ de ligne	241 — — —
Le 36ᵉ de ligne	403 — — —
Le 43ᵉ de ligne	463 — — —
Le 55ᵉ de ligne	350 — — —
	Total. . . 1,786 hommes hors de combat.

Effectuant son déploiement de nos jours à 800 mètres, la division eût fait approximativement les mêmes pertes.

Ajoutons aux pertes de chaque corps 100 hommes, pour tenir compte du tir des mitrailleuses, nous aurons pour perte totale approximative 2,286 hommes, soit 2,300. Une division de 7,800 hommes, manœuvrant à rangs serrés à

800 mètres d'une infanterie en position, ferait donc aujourd'hui une perte de 2,300 hommes ; elle sacrifierait donc en quelques minutes le tiers de son effectif de combattants.

Ce rapprochement suffit pour démontrer le danger qu'il y aurait, de nos jours, pour l'infanterie, à manœuvrer à rangs serrés à moins de 1,000 mètres devant une infanterie en position.

3° Les divisions Saint-Hilaire et Vandamme, après avoir fourni un feu violent, se reformèrent en colonne pour s'élancer à la baïonnette.

Il est peut-être permis de penser qu'un jour la baïonnette conquerra de nouveau le terrain qu'elle a perdu : s'il en est ainsi, il faudra agir comme nos pères et se rappeler qu'ils préparaient toujours l'effet de la baïonnette par un tir presque à bout portant.

4° Le maréchal Lannes montra dans cette bataille ce que peut une solide infanterie : il tenta ce que peu de généraux avaient osé faire avant lui. Par son ordre, les bataillons de la division Caffarelli reçurent en bataille, c'est-à-dire sans se former en carrés, la charge des uhlans du général Essen, le fusil à silex eut raison de la cavalerie ; ce n'est donc qu'en bataille que la cavalerie doit être reçue aujourd'hui.

5° Les nombreuses tentatives que fit le prince de Lichtenstein pour enfoncer la division Caffarelli amenèrent ses bouillants escadrons sur le flanc de la deuxième ligne de l'infanterie française ; celle-ci, disposée en colonne, forma les carrés obliques par bataillon, ne tirant que par les faces qui n'avaient pas vue sur la première ligne ; une charge de la cavalerie de réserve de Murat, jointe aux feux des carrés, décida la déroute des escadrons austro-russes.

6° Une infanterie rompue par une charge de cavalerie, comme le furent le 1er bataillon du 4° de ligne et le 2° du 24° léger sur le plateau de Pratzen, doit s'éparpiller en tirailleurs, se jeter dans les bois ou dans les terrains de vignes. Elle neutralisera ainsi l'action du sabre des cavaliers, im-

puissants à les aborder, tandis que par son feu elle leur
infligera, surtout de nos jours, des pertes énormes.

7° A la bataille d'Austerlitz, les Russes pratiquèrent pour la dernière fois un usage fort singulier, qu'ils avaient suivi constamment
jusque-là : avant de charger l'ennemi et pour le faire avec plus de
promptitude et de vigueur, on faisait mettre les sacs à terre à toute
la ligne et ils y restaient pendant le combat. L'armée française
trouva à Austerlitz et prit plus de 10,000 sacs rangés en ordre et
laissés à la place que les corps avaient occupée. Les Russes renon-
cèrent depuis à cet absurde usage.   (*Duc de Raguse.*)

1° La cavalerie des deux armées joua un rôle très-important dans cette bataille, mais hâtons-nous de dire que cette
tâche ne serait plus la même aujourd'hui et que, sur le
même terrain, une nouvelle bataille d'Austerlitz ne présenterait plus le même emploi combiné des armes. Le perfectionnement du fusil et l'énorme portée des bouches à feu
sont les causes de ces changements, causes pressenties par
le vainqueur d'Austerlitz lorsqu'il disait : « La tactique doit
changer tous les dix ans. »

2° Il paraît donc impossible de tenter contre l'infanterie
actuelle les charges du prince de Lichtenstein contre l'infanterie du maréchal Lannes.

3° Mais ce qui est possible encore et doit être pratiqué, ce
sont : 1° la charge de Murat contre les tronçons de l'infanterie pelotonnée et décimée de Bagration; 2° les belles charges des divisions Kellermann et Walther, puis des divisions
d'Hautpoul et Nansouty contre les nombreux escadrons du
général Essen et ceux du général Uvarow; 3° le brillant épi-
sode du combat des grenadiers et chasseurs à cheval de Napoléon contre les chevaliers gardes de l'Empereur Alexandre;
4° la poursuite des vaincus par la cavalerie française.

4° La charge de Rapp sur la cavalerie du prince Repnin
présente deux enseignements : 1° les Russes accueillirent la
charge des grenadiers et des chasseurs à cheval de la garde

par un feu violent d'artillerie légère : il fallut l'entrain et la valeur extraordinaire de cette incomparable cavalerie pour ne pas être arrêtée par les ravages que la mitraille fit dans ses rangs : sur 700 cavaliers, 110 furent démontés en quelques minutes : avec l'artillerie actuelle le tir eut commencé plus tôt et aurait eu une plus grande vitesse : aussi peut-on conclure que les pertes eussent été d'environ 300 cavaliers, ce qui aurait fait échouer la charge ou l'eût fortement compromise. Il y a donc nécessité pour la cavalerie de ne se lancer à la charge sur la cavalerie qui lui est opposée qu'après avoir contre-battu fortement par son artillerie légère les batteries qui couvrent la cavalerie ennemie. (Rapp avait sous ses ordres 2 escadrons de grenadiers, 260 cavaliers, 3 escadrons de chasseurs et 50 mamelucks : les pertes furent pour les grenadiers de 20 cavaliers, pour les chasseurs et les mamelucks de 90 : total 110 cavaliers.); 2° la cavalerie de la garde russe, plus nombreuse que la cavalerie française, fut enfoncée parce qu'elle commit la faute d'attendre la charge de pied ferme.

Tactique de l'artillerie.

1° L'artillerie française eut deux rôles distincts à la bataille d'Austerlitz : une longue canonnade à la gauche des Français contre l'artillerie de Bagration et un feu décisif contre la gauche des Austro-Russes, après la conquête du plateau de Pratzen.

La canonnade entre la gauche française et la droite des coalisés fut peu meurtrière, elle ne coûta aux batteries françaises qu'un sacrifice de 40 artilleurs : l'artillerie de Lannes s'attacha surtout à démonter les batteries russes, et y parvint fréquemment : l'artillerie russe s'occupa plus particulièrement de tirer sur l'infanterie et la cavalerie des Français. Celles-ci firent des pertes sérieuses, mais les batteries de Bagration furent bientôt démontées pour avoir négligé presque complétement de contre-battre l'artillerie française afin de concentrer leur tir sur l'infanterie et la cavalerie. Les deux divisions Caffarelli et Suchet, fortes ensemble de

12,884 hommes, perdirent 1,214 hommes dont 800 environ
par l'artillerie : comme preuves de l'emploi presque exclusif
du feu des 40 pièces des Russes contre l'infanterie de Lannes,
citons : un groupe de tambours du 13ᵉ léger enlevé par un
seul coup de mitraille à l'attaque de Blaziowitz ; le général
Valhubert qui eut la cuisse fracassée par un boulet ; le fils
du capitaine Horry-Duparc du 64ᵉ de ligne, emporté par un
boulet ; le chasseur Lebas du 10ᵉ léger, qui eut la jambe
gauche enlevée également par un boulet : noms illustres
étroitement liés par leur héroïsme au récit de la bataille. La
cavalerie de Murat, comptant 8,640 cavaliers, eut 872 hommes hors de combat dont 400 par l'effet de l'artillerie. Les
Russes ne comptant pas sur la précision du tir des batteries
françaises, ne s'occupèrent pour ainsi dire pas d'elles pour
écraser les deux autres armes et furent cruellement punis
de cette tactique imprudente.

A la fin de la bataille, lorsque les divisions Saint-Hilaire et
Vandamme eurent occupé conjointement avec la division
Legrand et la brigade de la garde Dupas, la ligne Sokolnitz-
Hostieradek, l'artillerie de la garde, jointe à celle des divisions
du maréchal Soult, se mit en batterie sur les pentes de la
chapelle Saint-Antoine ; elle prit d'écharpe les débris de la
deuxième colonne russe qu'elle refoula ainsi sur l'étang de
Satschau. La glace s'effondra sous le poids de cette masse
d'hommes, qui fut engloutie sous les eaux.

2ᵉ L'artillerie russe, on l'a vu, avait employé une vicieuse
tactique contre notre gauche : mais le général Doctorow, à
l'extrême gauche des coalisés, avait su tirer un excellent
parti de ses batteries, dont le feu concentré sur le débouché
de Telnitz contint longtemps les troupes du maréchal Davout. L'artillerie fut donc ici habilement employée à couvrir
la retraite de la première colonne : sa bonne contenance eût
permis à Doctorow de gagner Ottnitz en bon ordre sans le tir
d'écharpe de l'artillerie légère de la garde qui vint prendre
position sur les bords de l'étang de Satscháu et porta ses bou-

lets sur l'étroite digue qui le sépare de l'étang de Menitz : alors l'horrible catastrophe, qui s'était produite sur l'étang de Satschau, se renouvela sur celui de Menitz, dont les gouffres se comblèrent de victimes.

1° Le général Buxhowden commandant l'aile gauche composée des 1re, 2e et 3e colonnes, n'avait pas jugé sa présence nécessaire à sa colonne centrale : il s'était mis à la tête de la première avec laquelle il avait attaqué Telnitz. Lorsqu'il fut manifeste que la bataille était perdue, il prit à cette colonne quatre régiments avec lesquels il essaya de gagner Augezd et Hostieradek pour rejoindre Austerlitz. Ce mouvement ne pouvait apporter aucun remède à la situation ; il avait le grave défaut d'affaiblir de quatre régiments la colonne Doctorow et d'abandonner cette colonne à elle-même. Ce n'était pas après être resté toute une journée avec elle que Buxhowden devait la quitter ; sa marche sur Augezd n'avait donc qu'un seul but, celui d'échapper aux Français. L'honneur, la solidarité dans le malheur, qui unit soldats et officiers, auraient dû persuader à Buxhowden que sa place véritable était à la première colonne et que son unique devoir consistait à l'arracher au désastre qui la menaçait ou à périr avec elle.

Que sous prétexte d'emmener les blessés, on ne dégarnisse pas les rangs. (*Proclamation de Napoléon.*)

Précepte prudent ayant pour but de sacrifier momentanément un devoir d'humanité à la nécessité d'obtenir la victoire, et aussi d'empêcher le lâche d'avoir un motif légal de se soustraire au danger. Il est formulé d'ailleurs par le service en campagne qui dit : « Les officiers et les sous-officiers ne souffrent pas que des soldats quittent les rangs « pour transporter les blessés, à moins d'une permission « expresse qui ne peut être donnée qu'après la décision de « l'affaire. Le premier intérêt, comme le premier devoir, est « d'assurer la victoire, qui seule peut garantir aux blessés « les soins nécessaires. » (135. *Ordonnance du 3 mai 1832.*)

2° Le soir, Napoléon parcourut le champ de bataille et prolongea bien avant dans la nuit l'accomplissement de ce pieux devoir : il laissait à chaque blessé français ou ennemi sans distinction des hommes pour le transporter à l'ambulance : il recueillait ainsi les témoignages de dévouement de ceux que la mort devait épargner et les adieux des victimes qu'elle allait faire. Concluons que le premier devoir du général après la victoire est l'organisation de la poursuite du vaincu, qu'ensuite, il ne doit pas rentrer à son bivac sans avoir vu de ses propres yeux relever les blessés et assuré leur pansement.

3° Le général Valhubert venait d'avoir la cuisse fracassée par un boulet; des grenadiers veulent l'emporter :

Rappelez-vous l'ordre du jour, leur crie-t-il; restez à votre poste; je saurai bien mourir tout seul, il ne faut pas pour un homme en perdre six.

4° Lebas, chasseur au 10° léger, a le bras gauche emporté par un boulet :

« Aide-moi, dit-il à son camarade, à ôter mon sac, et cours me venger. » Il met son sac sous le bras et va à l'ambulance.

(Relation de Saint-Georges.)

5° Le capitaine Horry-Duparc, du 64° de ligne, appelé pour remplacer le chef de bataillon qui venait d'être blessé, avait auprès de lui son fils, officier d'une grande espérance. Au même instant, un boulet, qui tua le cheval du major, emporta ce jeune homme, dont les deux frères étaient déjà morts au champ d'honneur :

« C'est le dernier de mes fils, s'écria le malheureux père; mais ce n'est pas le moment de le pleurer; je me dois tout à mon pays. » Il prit le commandement du bataillon et se précipita dans les rangs ennemis.

(Mathieu Dumas.)

Ordre au prince Murat de poursuivre l'ennemi; au maréchal Lannes de suivre le mouvement de la cavalerie avec le reste de son corps;

Au maréchal Bernadotte de poursuivre l'ennemi sur la route d'Austerlitz à Goeding ;

Au maréchal Soult et au maréchal Davout de poursuivre l'ennemi.

Même ordre aux généraux Bourcier et Klein.

(Ordres du 3 décembre.)

L'opinion de l'Empereur, monsieur le maréchal, est qu'à la guerre il n'y a rien de fait tant qu'il reste encore à faire : une victoire n'est pas complète toutes les fois qu'on peut faire mieux. Dans la situation où nous nous trouvons, il n'y a qu'une disposition et qu'un ordre général : Faire le plus de mal possible à l'ennemi et rendre la victoire profitable.

(Lettre de Berthier au maréchal Soult, 3 décembre.)

Principes trop souvent négligés par ceux qui se complaisent imprudemment dans la victoire et qui rendent stérile, par le défaut d'une poursuite acharnée et intelligente, le sang répandu.

ÉTUDE DES ORDRES DU 3 DÉCEMBRE
AU POINT DE VUE DE LA GRANDE TACTIQUE ET DE LA LOGISTIQUE

Grande tactique. Vos troupes, monsieur le maréchal, ont été à Vischau, de Vischau à Rausnitz, et aucun parti ne s'est retiré par là ; il paraît, au contraire, que l'ennemi s'est retiré d'Austerlitz par Urschitz, à six heures du soir. D'Urschitz il peut prendre la route de Hradisch ou celle de Goeding. L'intention de Sa Majesté est que vous vous mettiez en marche au point du jour et que vous vous dirigiez, avec une bonne colonne de vos troupes les plus fraîches et les plus en état d'agir, sur Urschitz et Goeding, afin de tomber sur l'ennemi, telle route qu'il prenne.

(Lettre de Berthier au maréchal Soult.)

On voit que le maréchal, arrivé à Vischau et ne rencontrant aucun ennemi, eût dû s'arrêter et se rabattre à droite, au lieu de perdre du temps à aller jusqu'à Prosnitz. Cette erreur eût été évitée par un meilleur emploi de la cavalerie du 4ᵉ corps, qui eût dû s'élancer bride abattue sur toutes les directions, et renseigner en quelques heures le maréchal Soult.

Laissez sur le champ de bataille d'hier le monde nécessaire pour
ramasser nos blessés, garder l'artillerie prise à l'ennemi, ramasser
tous les prisonniers épars dans les marais et dans les villages, qu'il
faut faire fouiller.   (*Lettre de Berthier au maréchal Soult.*)

Dispositions d'ordre qui appellent les premiers soins des
chefs d'état-major.

ÉTUDE DES ORDRES DU 4 DÉCEMBRE

L'Empereur observe, monsieur le maréchal, que c'est à vous à
éclairer tous les débouchés de l'armée; que c'est lui qui est arrivé
le premier à Austerlitz, et qu'il a fait reconnaître toutes les routes
par lesquelles l'ennemi s'est réellement retiré.
                    (*Lettre de Berthier au prince Murat.*)

Le reproche fait à la cavalerie du 4ᵉ corps peut avoir pour
excuse le petit nombre d'escadrons dont disposait le maréchal
Soult; mais ici l'on voit Murat, dont le rôle exclusif était
d'être l'âme de la poursuite, avec les 72 escadrons qu'il
commandait, se tromper totalement sur la direction suivie
par les vaincus. Lancé sur la route d'Olmutz il néglige complétement celle de Hradisch et celles qui d'Austerlitz inclinent
au sud-est, vers Arklebau, Gaya et Goeding. Napoléon, arrivé
de sa personne à Austerlitz, n'y trouve aucun renseignement.
La cavalerie française fut donc mal conduite par son principal chef, qui ne montra pas, dans cette circonstance, les
talents déployés par lui en poursuivant l'archiduc Ferdinand
d'Ulm à Nuremberg.

FIN

15, 16, 17. Les Places fortes du N. E. de la France, et Essai de défense de la nouvelle frontière. Paris, Tanera . . 75 c.

18, 19. De la détermination du calibre dans les armes portatives, par J. L., cap. d'artillerie. Paris, Tanera. 50 c.

20. Des bibliothèques militaires, de l'établissement d'un catalogue et de la tenue des principaux registres. Paris, Tanera. . . . . 25 c.

21, 22, 23, 24. L'Artillerie au siége de Strasbourg en 1870. Notes recueillies par un officier de l'artillerie suisse. Traduit de l'allemand par P. Larzillière. Paris, Tanera. . 1 fr.

25, 26. L'Artillerie de campagne des grandes puissances européennes et les canons rayés. Traduit de l'allemand par M. Meert, capitaine d'artillerie. Paris, Tanera. . 50 c.

27. Des canons et fusils a vapeur, par J. L., capitaine d'artillerie. Paris, Tanera. . . . . 25 c.

28, 29. La Cavalerie de réserve sur le champ de bataille, d'après l'italien, par Foucrière, sous-lieut. au 81e rég. de ligne. Paris, Tanera. . . . . 50 c.

30. De la répartition de l'armée sur le territoire. Paris, Tanera. . . . . 25 c.

31, 32. Le Télémètre Nolan, appareil destiné à mesurer les distances, avec planche. Paris, Tanera. . . . . 50 c.

33. La Bataille de Spicheren envisagée au point de vue stratégique. Traduit de l'allemand par Weil. Paris, Tanera. 25 c.

34. De l'équitation dans les régiments de cavalerie en Prusse, par H. de La F. Paris, Tanera. . . . . 25 c.

35. L'Armée prussienne en Alsace pendant l'hiver dernier, notes recueillies par C. Sandherr, lieutenant de chasseurs à pied. Paris, Tanera. . . . . 25 c.

36, 37. De la justesse du tir des bouches a feu et des armes portatives, par M. J. Lefèvre, capitaine d'artillerie. Paris, Tanera. . . . . 50 c.

38. Des métaux employés dans la fabrication des canons anglais, par J. L., capitaine d'artillerie. Paris, Tanera. 25 c.

39, 40. Instruction théorique et pratique de l'infanterie, par E. Uffler, cap. au 93e rég. de ligne. Paris, Tanera. 50 c.

41, 42. L'Exploitation des chemins de fer français par

LES ARMÉES ALLEMANDES, d'après les documents officiels allemands, par M. Martner, capitaine d'état-major, avec carte. Paris, Tanera. 50 c.

43, 44. IDÉES SUR L'ATTAQUE DES PLACES FORTES. Conférence faite à Berlin par le général-major prince de Hohenlohe-Ingelfingen, d'après l'allemand, par A. Klipffel, capitaine du génie. Paris, Tanera. . . . . 50 c.

45, 46. DE L'INSTRUCTION PRATIQUE DE LA COMPAGNIE D'INFAN-TERIE. Paris, Tanera. . . . . 50 c.

47, 48, 49, 50. CONSIDÉRATIONS SUR LA GUERRE DES PLACES FORTES, 1870-1871. Traduit de l'allemand par Couturier, lieutenant au 55e régiment. Paris, Tanera . . . . 1 fr.

51, 52. ÉTUDE SUR LES PEINES DISCIPLINAIRES EN CAMPAGNE, par G. D., officier d'état-major. Paris, Tanera. . . . 50 c.

53, 54. HISTORIQUE DES REMONTES DEPUIS LES ROMAINS, suivi d'un projet d'organisation d'une landwehr hippique, par L. L., sous-intendant militaire. Paris, Tanera. . . . 50 c.

55. LE TÉLÉMÈTRE DE CAMPAGNE DU COLONEL RUSSE STUBENDORF, avec planche. Paris, Tanera. . . . . 25 c.

56, 57, 58. ÉTUDES SUR LE SERVICE DES ÉTAPES, d'après les renseignements personnels recueillis pendant la guerre de 1870-71 par un officier de l'inspection générale bavaroise des étapes. Traduit de l'allemand par Couturier, lieutenant au 55e régiment. Paris, Tanera. . . . . 75 c.

59, 60. APERÇU DE GÉOGRAPHIE MILITAIRE SUR LE LITTORAL DE LA CONFÉDÉRATION DE L'ALLEMAGNE DU NORD, et étude des mesures de défense prises par les Allemands pendant la guerre de 1870-71 contre un débarquement de troupes françaises, par Dubois, capit. du génie. Paris, Tanera. 50 c.

61, 62. ÉTUDE ET ENSEIGNEMENT DE LA STATISTIQUE MILITAIRE, par Chanoine, chef d'escadron d'état-major. Paris, Tanera. . . . . 50 c.

63. COMPARAISON ENTRE LE CANON DE CAMPAGNE ET LA MI-TRAILLEUSE, par E. Klutschack. Traduit de l'allemand par de La Roque, capitaine d'artillerie. Paris, Tanera. . . 25 c.

64, 65, 66. MÉMOIRE SUR LES FUSILS SE CHARGEANT PAR LA CULASSE employés dans les armées de Prusse, de France et d'Angleterre, par le capitaine Mervin Drake, instructeur de tir. Traduit de l'anglais par M. de Pina, capitaine de frégate. Paris, Tanera. . . . . 75 c.

MÉLANGES MILITAIRES
Deuxième Série

ENTRETIENS MILITAIRES

L'ARMÉE PRUSSIENNE, par M. Lahaussois, sous-intendant militaire. Paris, Dumaine. . . . . 60 c.

HYGIÈNE MILITAIRE, par le docteur Jules Arnould, médecin-major de 1re classe, Paris, Dumaine. . . . . 60 c.

DES TIRAILLEURS, DE LEUR INSTRUCTION, DE LEUR EMPLOI, par M. Herbinger, cap. adjudant-major au 1er prov. Paris, Dumaine . . . . 60 c.

PRINCIPES RATIONNELS DE LA MARCHE DES IMPEDIMENTA DANS LES GRANDES ARMÉES, par M. Anatole Baratier, sous-intendant militaire, Paris, Dumaine. . . . . 1 fr.

DE L'ADMINISTRATION MILITAIRE, par M. Lewal, colonel d'état-major, Paris, Dumaine. . . . . 1 fr.

DE L'ADMINISTRATION MILITAIRE ET DU FONCTIONNEMENT DES SERVICES ADMINISTRATIFS. — Réponse à M. le colonel Lewal, par M. Anatole Baratier, sous-intendant militaire. Paris, Dumaine. . . . . 1 fr.

DE L'AÉROSTATION MILITAIRE, par M. Delambre, capitaine du génie. . . . . 75 c.

DE LA PHOTOGRAPHIE et de ses applications aux besoins de l'armée, par M. Dumas, capitaine d'état-major, chef du service photographique au ministère de la guerre. . 75 c.

INSTRUCTION DE L'INFANTERIE, préparation au service de guerre, par M. Percin, capitaine du génie. . . . . . . 75 c.

DE L'EMPLOI MILITAIRE DES CHEMINS DE FER, par M. Delambre, capitaine du génie . . . . 75 c.

DE L'ENSEIGNEMENT DE LA GÉOGRAPHIE, par M. Bourboulon, chef de bataillon. . . . . 75 c.

CRÉATION DE MANUTENTIONS ROULANTES pour les quartiers généraux et les divisions en campagne, par M. Baratier, sous-intendant militaire. . . . . 1 fr.

DU SERVICE DES ÉTATS-MAJORS, par M. Derrécagaix, capitaine d'état-major. . . . . 75 c.

DES COMPAGNIES DE PARTISANS, formation d'une compagnie de partisans dans chaque régiment de ligne, par M. Girard, capitaine d'infanterie. . . . . 75 c.

ENCYCLOPÉDIE MILITAIRE

Borge, lieutenant-colonel d'artillerie. 1 vol. in-8° avec planches. Paris, Tanera. . . . . 3 fr.

4. ÉTUDE SUR LE RÉSEAU DE CHEMINS DE FER FRANÇAIS considéré comme moyen stratégique, par L. de Tromenec, capitaine d'artillerie. 1 volume in-8° avec carte. Paris, Tanera. . . . . 2 fr. 50

5. GUIDE pour la préparation des transports de troupes par les chemins de fer, par A. Le Pippre, chef d'escadron d'état-major. 1 vol. in-8° avec planches et carte. Paris, Tanera . . . . 6 fr.

6. SUR L'EMPLOI DU TIR DES SHRAPNELS EN CAMPAGNE, par R. von Siehart, capitaine professeur à l'école de tir d'artillerie. Traduit de l'allemand par R. Colard, capitaine d'artillerie. Brochure in-8°. . . . . 1 fr. 50

RÈGLEMENTS ÉTRANGERS

RÈGLEMENT DU 3 AOUT 1870 SUR LES EXERCICES DE L'INFANTERIE DE L'ARMÉE ROYALE DE PRUSSE. Traduit de l'allemand par J. Moulezun, lieutenant au 120° régiment d'infanterie. 1 volume in-12 avec figures et planches de musique donnant toutes les sonneries et batteries. Paris, Tanera. . . . . 4 fr.

INSTRUCTION DU 9 JUIN 1870, CONCERNANT LE SERVICE DE GARNISON DE L'ARMÉE PRUSSIENNE. Traduit de l'allemand par MM. Samion et Laplanche. Brochure in-12. Paris, Berger-Levrault. . . . . 1 fr. 25

MANUEL DU SAPEUR D'INFANTERIE. Instruction publiée par le ministère de la guerre italien. Traduit de l'italien par MM. Percin, Grillon et de Lort Sérignan. 1 volume in-12 avec cent planches. Paris, Tanera. . . . . 4 fr.

LE PIONNIER D'INFANTERIE EN CAMPAGNE. Traduit de l'allemand par M. Grillon, capitaine du génie. 1 vol. in-12 avec planches. Paris, Tanera. . . . . 1 fr.

RÈGLEMENT DE 1870 SUR LES EXERCICES DE LA CAVALERIE AUTRICHIENNE. Traduit de l'allemand par V. Zeude, chef d'escadron de cavalerie. 1 vol. in-12. Paris, Tanera. 2 fr.

MANUEL DU SOLDAT. I. Service intérieur. II. Instruction sur
le démontage, le remontage et l'entretien de l'arme.
III. Notions sur le tir du fusil d'infanterie. IV. Transport
des troupes d'infanterie en chemin de fer. V. Notions
d'hygiène. VI. Service des places. VII. Service en campagne. 1 volume in-18 cartonné. Paris, Tanera . . . 50 c.

OUVRAGES DIVERS

CONSIDÉRATIONS SUR LE SYSTÈME DÉFENSIF DE PARIS, par un
officier supérieur du génie. 1 vol. in-8° avec carte. 2 fr. 50

CONSEILS PRATIQUES AUX JEUNES OFFICIERS, pour la préparation
du fantassin au service en campagne, par le capitaine
Périzonius. Traduit de l'allemand par A. C., lieutenant au
55° de ligne. 1 vol. in-12. . . . . 1 fr.

LE DRAPEAU NATIONAL, son historique, par L. Léques,
sous-intendant militaire. Brochure in-12. . . . . . 75 c.

NOTES SUR L'ORGANISATION DE L'ARMÉE PENDANT LA RÉVO-
LUTION, par M. Henri Choppin, lieutenant au 3° dragons.
1 vol. in-12. . . . . 1 fr. 25

HISTORIQUE DU SERVICE RELIGIEUX DANS LES ARMÉES, suivi
d'un projet d'organisation de l'aumônerie militaire, par
L. Léques, sous-intendant militaire. Brochure in-8°. 1 fr.

EXTRAIT DU CATALOGUE

ARTILLERIE (L') de campagne française; étude comparative du canon rayé français et des canons étrangers. Br. in-8°. 1 fr. 50

BORMANN. — Nouvel obus pour bouches à feu rayées. Br. in-8° avec planche. . . . . 2 fr.

CHARRIN. — Le revolver, ses défauts et les améliorations qu'il devrait subir au point de vue de l'attaque et de la défense individuelles. Br. in-8°. . . . . 1 fr.

CHARRIN. — De l'emploi d'un abri improvisé, expéditif et efficace pour protéger le fantassin contre les balles de l'ennemi. Le hâvre-sac pare-balles. Br. in-8° avec figures. . . . 1 fr. 25

COYNART (DE). — Précis de la guerre des États-Unis d'Amérique. 1 vol. in-8°. . . . . 5 fr.

COSTA DE SERDA. — Les chemins de fer au point de vue militaire. Extrait des instructions officielles et traduit de l'allemand. 1 vol. in-8. . . . . 3 fr.

FIX. — La télégraphie militaire; résumé des conférences faites à l'École d'application du corps d'état-major. Br. grand in-8° avec planche. . . . . 2 fr. 50

FRITSCH-LANG. — L'artillerie rayée prussienne à l'attaque de Düppel, d'après les auteurs allemands. Br. in-8° avec carte. 2 fr. 50

GRATRY. — Essai sur les ponts mobiles militaires. 1 vol. grand in-8° avec planches. . . . . 8 fr.

GRATRY. — Description des appareils de maçonnerie les plus remarquables employés dans les constructions en briques. 1 vol. grand in-8° avec de nombreuses gravures sur bois . . 6 fr.

HENRY. — Essai sur la tactique élémentaire de l'infanterie, mise en rapport avec le perfectionnement des armes. Br. in-8° avec figures . . . . 2 fr.

LE BOULENGÉ. — Études de balistique expérimentale. Détermination, au moyen de la clepsydre électrique, de la durée des trajectoires; expériences exécutées avec cet instrument; lois de la résistance de l'air sur les projectiles des canons rayés déduites des résultats obtenus. Br. in-8° avec planches. . . . . 4 fr.

LECOMTE. — Études d'histoire militaire, antiquité et
1 vol. in-8°. . . . .

LECOMTE. — Études d'histoire militaire, temps modernes ;
la fin du règne de Louis XIV. 1 vol. in-8°. . . . . .   fr.

LECOMTE. — Guerre de la Prusse et de l'Italie contre l'Autriche
et la Confédération germanique en 1866; relation historique
et critique. 2 vol. grand in-8° avec cartes et plans.   . 20 fr.

LECOMTE. — Guerre de la sécession ; Esquisse des événements
militaires et politiques des Etats-Unis, de 1861 à 1865. 3 vol.
grand in-8° avec cartes. . . . . 15 fr.

LECOMTE. — Le général Jomini, sa vie et ses écrits. Esquisse
biographique et stratégique. 1 vol. in-8° avec carte. 7 fr. 50

LIBIOULLE. — Le revolver Galand, nouveau système à percus-
sion centrale et extracteur automatique. Br. in-8° avec fig. 1 fr.

LULLIER. — La vérité sur la campagne de Bohême en 1866, ou les
quatre grandes fautes militaires des Prussiens. Br. in-8°. 1 fr.

MANGEOT. — Traité du fusil de chasse et des armes de précision, nouvelle édition. 1 vol. in-8° avec figures dans le texte,
et planches . . . . 5 fr.

MARNIER. — Souvenirs de guerre en temps de paix : 1793, 1806,
1823, 1863, récits historiques et anecdotiques extraits de ses
Mémoires inédits. 1 vol. in-8°. . . . . 3 fr.

MOSCHELL. — De l'effet du tir à la guerre et de ses causes per-
turbatrices. Br. in-8°. . . . . 1 fr.

ODIARDI. — Des nouvelles armes à feu portatives adoptées ou à
l'étude dans l'armée italienne. Br. in-8° avec planche. . 3 fr.

ODIARDI. — Des balles explosibles et incendiaires. Br. in-8°
avec planche. . . . . 2 fr.

PIRON. — Manuel théorique du mineur; nouvelle théorie des
mines, précédée d'un exposé critique de la méthode en usage
pour calculer la charge et les effets des fourneaux, et d'une
étude sur la poudre de guerre. 1 vol. grand in-8° avec pl. 12 fr.

PIRON. — Essai sur la défense des eaux et sur la construction
des barrages. 1 vol. grand in-8° avec planches. . . . 6 fr.

PLOENNIES (DE). — Le fusil à aiguille, notes et observations critiques sur l'arme à feu se chargeant par la culasse, traduit de
l'allemand par E. Heydt. Br. in-8° avec planche. . . . 3 fr.

QUESTIONS de stratégie et d'organisation militaire relative
aux événements de la guerre de Bohême, par un officier général (Jomini). Br. in-8°. . . . . 1 fr.

www.ingramcontent.com/pod-product-compliance
Ingram Content Group UK Ltd.
Pitfield, Milton Keynes, MK11 3LW, UK
UKHW020154130726
13696UKWH00002B/493